KB120124

사는게
행복하지 않은
너에게

사는 게 행복하지 않은 너에게

초 판 1쇄 2019년 12월 11일

지은이 김태은
펴낸이 류종렬

펴낸곳 미다스북스
총괄실장 명상완
책임편집 이다경
책임진행 박새연 김가영 신은서
본문교정 최은혜 강윤희 정은희

등록 2001년 3월 21일 제2001-000040호
주소 서울시 마포구 양화로 133 서교타워 711호
전화 02) 322-7802~3
팩스 02) 6007-1845
블로그 http://blog.naver.com/midasbooks
전자주소 midasbooks@hanmail.net
페이스북 https://www.facebook.com/midasbooks425

© 김태은, 미다스북스 2019, *Printed in Korea*.

ISBN 978-89-6637-740-4 03190

값 15,000원

※ 파본은 본사나 구입하신 서점에서 교환해드립니다.
※ 이 책에 실린 모든 콘텐츠는 미다스북스가 저작권자와의 계약에 따라 발행한 것이므로 인용하시거나 참고하실
경우 반드시 본사의 허락을 받으셔야 합니다.

미다스북스는 다음세대에게 필요한 지혜와 교양을 생각합니다.

사는게
행복하지 않은
너에게

김태은 지음

미다스북스

세상에서 가장 중요한 것

나는 늘 행복을 좇았다. 인생을 살아가는 이유 중 하나가 행복이라고 생각했다. 그러니까 불행한 모습의 나는 인생을 잘 살지 못하고 있다고 생각했다.

나는 지금 이 순간을 보질 않았다. 과거의 안 좋은 기억이나 상처받았던 순간, 혹은 미래에 대한 두려움과 막막함으로 하루하루를 버텨내고 있었다. 그러면서 열심히 살면 언젠가 행복해질 거라고 생각했다. 언젠가는 내가 행복에 도달할 것이라고 생각했다. 나는 늘 미래의 나만 보고 살았다. 내가 늘 바라만 보던 미래가 지금인지도 모르고….

나는 항상 감정과 관계에 휘둘리는 사람이었다. 외부 상황에 따라 느끼는 감정, 내 마음대로 할 수 없는 관계들을 겪으며 어쩔 줄 몰라 했다. 그러다가 나는 이렇게 살면 안 된다는 것을 알게 되었다. 그래서 나는 감정과 관계의 주인이 되기로 했다. 늘 나보다 위에 있던 모든 것 위에 나를 놓았다.

그러자 모든 것이 달라졌다. 나는 모든 것의 주인이 될 수 있었다. 감정의 주인이자 관계의 주인이 될 수 있었다. 그리고 무엇보다 세상에서 가장 중요한 것이 무엇인지 알게 됐다.

그것은 바로 '나'.

나는 내게 너무나도 가까이 있었다. 그래서 나는 나를 보질 못했다. '등잔 밑이 어둡다'는 말처럼 나는 늘 여기 있었는데, 나는 나를 모른 체하고 있었다. 언제나 남만 보느라, 외부 상황만 생각하느라 정작 나에게는 무관심했다. 가장 중요시해야 할 사람을 가장 등한시하니 내 삶이 힘든 것은 어찌보면 당연했다.

그래서 나는 나를 제일 먼저 생각하기로 했다. 그러자 조금씩 변화가 생겼다. 삶을 살아가면서 더 많이 웃고 더 많이 감사하게 됐다. 사람들 사이에서도 긴장만 하던 내가 점점 편안해지기 시작했다. 힘들기만 했던 인생이 점점 행복해지기 시작했다.

사람들은 나에 대해 여러 가지 말을 해준다. 나는 그 말에 휩쓸리는 대신 나의 중심을 잡기로 했다. 내 삶의 주인공은 그 누가 아닌 '나'이니까. 나는 감정과 관계의 주인이 되면서 행복해졌다. 늘 인생이 힘들다고 생각했는데, 행복은 언젠가 이뤄질 것이라고만 생각했는데 생각보다 행복은 내 가까이 있었다. 아니, 이미 나는 행복했다.

나는 이 책을 읽는 모든 사람이 감정과 관계의 주인이 되기를 바란다. 감정과 관계에 휘둘리는 사람이 아니라 감정과 관계를 선택하는 사람이 되어 행복한 인생을 살았으면 한다.

내가 이 자리에 있기까지 나는 참 많은 사람들을 만났고 영향도 많이 받았다. 그들 모두에게 정말 감사하다. 나는 사람들을 만나며 알게 모르게 그들로부터 희망과 용기를 얻었다. 이제 나도 사람들에게 희망과 용기를 주고 싶어서 이 책을 썼다. 이 책을 읽는 독자들이 이 책의 내용을 다 기억하기보다는 힘이 되는 딱 한 줄이라도 발견한다면 나는 더 바랄 것이 없다.

나를 포함해 나를 아는 모든 사람, 또 나를 모르는 모든 사람이 감정 때문에 힘든 인생이 아닌 감정 덕분에 행복한 인생을 살기를 소망하며….

2019년 12월

김태은

차 례

4장 — 관계와 감정이 편해지는 8가지 기술

1장

이유도 모르고
속상했던
나에게

왜 나는 자꾸만
눈물이 나는 걸까?

취직해 보니 말야. 성공이 아니라 문을 하나 연 느낌이더라고. 어쩌면 우린
성공과 실패가 아니라 죽을 때까지 다가오는 문만 열어가며 살아가는 게 아닐까 싶어.
– 『미생』 중에서

쉽지만은 않았던 취업 현실

나는 유아교육과에서 2년의 휴학 기간을 포함해 총 6년 대학 생활을 했
다. 드디어 대학교를 졸업하고 꿈이었던 유치원 교사가 될 수 있다는 생
각에 무척 설레었다. 우선 취업이 되기만 하면 좋겠다고 생각했다. 그래
서 많은 유치원에 이력서를 제출했다.

그리고 아직은 담임 교사를 하기에는 부족하다고 생각해서 부담임 교
사나 종일반 교사를 지원했다. 단계적으로 경험을 쌓아서 좋은 담임 교사

가 되고 싶은 마음이 있었다. 그것이 나에게나 아이들에게 더욱 좋을 것이라고 생각했다.

그런데 생각보다 현실은 녹록지 않았다. 아무리 많은 유치원에 이력서를 넣어 봐도 면접에서 모두 떨어졌다. 어떤 유치원은 학교 이름만 보고 너무 신기해서 한 번 불러봤다고 했다. 자신의 유치원이 세워진 이래 4년제 대학을 나온 사람이 지원한 적은 처음이라고 했다. 원장 선생님은 나를 신기하게 쳐다봤다. 그리고 형식적인 몇 가지 질문을 했다. 그리고는 며칠 뒤 나는 불합격 통보를 받았다.

교수님이 소개해 주신 유치원도 지원해서 갔다. 집에서 2시간 거리였다. 학교 안에 있는 유치원이었다. 한 명 뽑는 자리였는데 지원하는 사람이 정말 많았다. 그리고 그중에는 경력자 선생님들도 많았다. 시험을 보기 전부터 위축이 됐고 괜히 멀리까지 왔다고 생각했다. 2시간 거리를 매일 출퇴근 하는 생각만 떠올려도 힘들었다. 그리고 예상대로 나는 불합격 통보를 받았다.

또 다른 유치원에 면접을 보고 오는 길에 갑자기 나는 눈물이 났다. 방금까지 원장 선생님 앞에서 방긋방긋 웃던 내가 참 한심해 보였다. 나는 계속되는 불합격 통보에 내게 무슨 이상이 있는 것이 아닐까 생각했다.

다른 동기들이나 후배들은 쉽게 쉽게 합격이 되는 것 같은데 나만 안 되는 것 같았다. 나이 탓인가 싶기도 해서 괜히 2년이나 휴학을 했나 자괴감이 들었다. 나는 매일 면접을 보러 다니느라 지쳤다. 또 불합격 통보를 받을까 봐 늘 불안했다. 교수님은 나에게 전화를 걸어 이제 나만 합격하면 된다고 했다. 나도 합격하고 싶은데 합격은 나에게 쉽게 오지 않았다. 언제까지 면접을 보러 다녀야 하나 막막했고, 나는 그날 버스 정류장에 앉아 눈물을 흘리는 것밖에 할 수 있는 것이 없었다.

먼저 취업한 선배들과 동기들이 해준 여러 조언 중에 기억에 남는 것이 있었다. 회사가 나를 뽑기도 하지만 나도 회사를 뽑아야 한다고 했다. 그러니까 자신이 다니고 싶은 직장이 어떤 곳인지 잘 알아보고 생각해보라는 말이었다. 내가 바라는 직장을 생각해봤다. 2가지 조건이 있었다.

첫째, 집에서 가까울 것. 직장은 집에서 가까운 곳이 좋겠다고 생각했다. 먼 거리를 매일 출퇴근 하는 것은 사람을 지치게 만들기 때문이다. 그리고 교사가 되겠다는 생각을 할 때부터 지역 차별 없이 아이들이 양질의 교육을 받았으면 좋겠다고 생각했다.

둘째, 분위기가 나와 맞을 것. 이 조건은 여러 유치원에 면접을 다니면서 생각한 것이었다. 유치원마다 느껴지는 분위기가 있는데 그 분위기가 나와 어울려야 한다고 생각했다. 내가 편안하게 느껴지는 곳에서 아이들과 즐겁게 지내기를 원했다.

2가지 조건을 정한 뒤 이번에는 종일반 교사나 부담임 교사가 아닌 정담임 교사를 뽑는 곳에 지원했다. 정담임 교사는 대부분 경력자를 뽑았다. 그런데 왠지 그냥 해보고 싶었다. 경력자는 아니지만 해보고 싶다는 생각 하나로 우선 이력서를 작성하여 2군데에 제출했다. 그리고 2군데 유치원에서 모두 면접을 보러 오라는 연락이 왔다.

한 곳은 설립된 지 얼마 안 된 곳이었다. 다른 한 곳은 유럽풍의 고급스런 느낌이 드는 유치원이었다. 두 유치원 모두 첫 번째 조건인 집에서 가까운 곳이었다. 두 번째 조건인 분위기를 살펴보니 전자의 유치원이 나와 어울리게 느껴졌다. 그곳은 숲이 있는 유치원이었는데, 아이들이 자연에서 많이 뛰어놀기를 바란 것도 있었다. 그래서 그 유치원을 선택했고, 나는 드디어 그곳에 합격하게 됐다.

취업을 해도 힘들기만 한 현실

걱정을 많이 했지만 유치원 생활은 즐거웠다. 아이들과 함께 있으면 시간 가는 줄 몰랐다. 그리고 아이들을 보며 웃음 짓는 일도 많았다. 하지만 아이들의 안전에 무엇보다 신경이 쓰였다. 아이들은 뛰다가 혼자서 넘어지기도 하고 친구들과 서로 안다가 얼굴에 상처가 나기도 했다. 늘 나는 아이들의 안전에 신경을 써야 했다.

사는 게 행복하지 않은 너에게

하지만 사건 사고는 내가 예상치 못한 곳에서 벌어졌다. 어느 날, 한 남자아이가 친구들에게 나눠주고 싶다며 동그란 비타민을 유치원에 가져왔다. 그래서 아이들에게 나눠주고 먹게 했는데 한 아이가 그것을 코에 넣어버린 것이다. 어찌 할 줄 모르다가 옆 반 주임 선생님에게 바로 말씀드렸다. 주임 선생님이 아이의 코를 한쪽 막고 세게 풀게 하니 동그란 비타민이 쏙 나왔다. 참 다행이었다. 이렇게 아이들은 내가 예상치 못한 행동을 했고, 나는 아이들의 안전에 대해 점점 예민해졌다.

아이들이 조금만 다쳐도 학부모님께 전화를 드려서 죄송하다고 했다. 조금 더 신경을 썼어야 했는데 내가 부주의한 탓이라고 말했다. 계속 이런 일이 반복되다 보니 죄송하지 않아도 될 일에 죄송하다고 말하고 있는 내가 보였다. 그리고 나는 점점 지쳐가는 나를 보았다.

그러던 어느 날, 아이들이 보는 날짜판의 숫자를 매일 바꿔주고 있었다. 시간이 정말 빨리 간다고 느꼈다. 그리고 이러다 일만 하다 죽겠다 싶었다. 하루하루 아이들과 있을 때 빼고는 사는 게 힘들다고 생각했다. 하루 종일 아이들하고만 있으면 좋겠다고 생각한 적도 있었다. 아이들과 지내면 웃을 일이 많았지만 그 외의 시간은 힘들다고 생각했다.

내가 이러려고 공부를 그렇게 열심히 했나 싶었다. 새벽 2시까지 독서

실에서 공부하고 아침 7시까지 등교하는 반복적인 생활을 하면서 나는 무척 열심히 공부를 했다. 잠이 너무나 많았던 나를 싫어하고 스스로 깨우며, 그렇게 열심히 공부를 했다. 나는 고등학교만 졸업하면 자유로울 줄 알았다. 아니 적어도 대학교 졸업하고 취업만 되면 완전 내 세상이 될 줄 알았다.

그런데 아니었다. 고등학교 때도 반복되는 생활이었고, 대학교 때도 직장 생활 때도 매일 똑같이 나는 열심히 하고 있었다. 열심히 살다 보면 언젠가는 행복해질 거라고 생각하며 나는 하루하루를 버티고 있었다.

퇴근 후 집에 오면 나는 자꾸 눈물이 났다. 나는 눈물을 흘리는 나에게 이렇게 말했다.

'괜찮아. 지금 조금 힘들면 나중엔 편안하게 살 수 있을 거야.'
'괜찮아, 고통 없이 영광은 없다잖아.'
'괜찮아, 열심히 살면 언젠가 보상을 받을 거야.'

나는 늘 괜찮지 않은 나에게 이렇게 말하며 스스로를 더욱 힘들게 했다.

그러던 어느 날, 내 인생이 너무너무 억울하다고 느껴졌다. 지금까지 정말 열심히 살았고 지금도 열심히 살고 있는데 아무 것도 바뀐 것 같지 않았다. 단지 고등학교에서 대학교, 대학교에서 직장으로 장소만 바뀌었을 뿐이었다. 언젠가는 행복하게 살고 싶은데 그 언젠가는 늘 미래에만 있었다. 영원히 오지 않는 그 미래만 보며 살고 있었다. 나는 매일 자꾸 눈물이 나고 또 났다.

SNS 사진이나 영상들을 보면 남들은 '하하 호호' 행복해 보이는데 내 인생은 왜 이렇게 힘이 드는지, 도대체 언제까지 나는 눈물만 흘릴 것인지, 열심히 한다고 하는데 인생은 왜 늘 내 뜻대로 되질 않는지, 나는 언제까지 열심히만 살아야 하는 건지, 내가 지금 가야 할 길을 맞게 잘 가고 있는지, 이 길의 끝이 있기나 하는지, 늘 의문이 들었다. 그리고 나는 언제나 기회가 되면 떠나고만 싶었다. 그리고 절대로 다시는 돌아오고 싶지 않았다.

왜 나는 감정에
휘둘릴까?

감정은 포기할 수 없거든.
– 영화 〈인사이드 아웃〉 중에서

감정에 휘둘려 선택한 것들

누군가가 당신에게 퇴사하고 함께 2개월 동안 유럽 여행을 가자고 제
안한다면, 당신은 어떻게 하겠는가? 쉽게 결정을 내릴 수 있는가? 일할
래? vs 유럽 여행 갈래? 어떻게 보면 쉽지만 직장인이라면, 특히 입사한
지 얼마 안 된 사원이라면 매우 어려운 결정일 것이다.

하루하루 나의 직장인 유치원에서 버티고 있을 때, 지인 2명에게서 아
주 달콤한 제안이 왔다. 둘이서 유럽 여행을 갈까 하는데 나에게 같이 갈

사는 게 행복하지 않은 너에게

생각이 있는지 물어봤다. 바로 승낙하면 좋겠지만 나는 쉽게 결정을 내릴 수 없었다. 지인들은 내게 아직 시간이 있으니 천천히 생각해보고 답을 달라고 했다.

그래도 나는 예전부터 유럽 여행을 가고 싶었다. 유럽 여행은 누구나 죽기 전에 해보고 싶은 꿈 중에 하나가 아닌가? 일과 유럽 여행. 둘 다 내게 중요했다. 그러나 나는 그때 많이 지쳐 있었다. 그래서 감정적으로 나는 퇴사를 하고 유럽 여행을 가기로 결정했다. 그 당시 내게는 무엇보다 내 감정이 중요했기 때문이다.

유럽 여행을 가기로 결정은 했지만 집에서는 가족의 반대에 부딪혔다. 며칠도 아니고 2개월이나 여행을 간다는 것은 우리 집안 역사상 처음 있는 일이었다. 특히 여자들만 간다는 사실에 부모님은 더욱 불안해했다. 그래도 나는 너무 가고 싶었다. 이때가 아니면 안 될 것 같았다. 그래서 유럽 여행을 다녀와서 임용 고시를 준비하겠다고 앞으로의 계획을 말씀 드렸다. 그러자 부모님은 간신히 허락해줬다. 그래서 유럽 여행을 준비하고 동·서유럽 12개국을 여행했다.

유럽 여행을 다녀온 후, 나는 계획대로 유치원 임용 고시를 준비했다. 시험은 11월이니 남은 기간은 5개월. 임용 고시에 대해 아무것도 모르는 상태라서 혼자 준비하기에는 무리였다. 그래서 가격이 저렴한 인터넷 강의를 찾아서 강의를 들으며 임용 고시를 준비했다. 11월이 되어 시험을 보게 되었고 합격자 발표는 한 달을 기다려야 했다. 그래서 그 한 달 동안 2차 준비를 했다.

2차는 면접과 수업 실연을 해야 했다. 인터넷 강의를 듣던 곳에서 2차 수업 준비도 같이 할 수 있었다. 수업 실연을 할 때, 내 앞에 아무도 없지만 아이들이 있는 것처럼 생각하고 연습하는 것이 너무나 어색했다. 그러나 유치원에서 근무하며 아이들과 수업을 했던 경험을 떠올리며 연습하고 또 연습했다.

학원에서 2차 수업 촬영 실습이 있던 날, 나는 동화 수업을 실연하게 됐다. 촬영을 하며 나에게 부족한 점을 강사분이 바로 피드백을 해줬다. 피드백을 받은 대로 수정하며 무사히 촬영을 마쳤다. 촬영을 마치고 나자 강사분은 나에게 따로 와서 "선생님, 집에서 연습을 정말 많이 했나 봐요. 잘하던데요? 앞으로도 쭉 이렇게 하면 될 것 같아요." 하고 말했다.

나는 이 말이 좋지만 한편으로는 너무 불편했다. 나의 마음 한구석에는 5개월밖에 준비하지 않았기 때문에 1차 시험에서 떨어질 것이라는 불안감이 항상 있었기 때문이다. 나는 아무리 다른 사람에게 좋은 말을 들어도 늘 불안했고 두려웠다. 나는 '1차에서 떨어질지도 모르는데 내가 이렇게 할 필요가 있나?'라고 속으로 생각하고 있었다. 그리고 하루 빨리 합격자 발표가 나기만을 바랐다.

감정에 휘둘리는 꼭두각시 같은 존재

기다리던 1차 합격자 발표 날. 나는 발표 시간보다 한 시간 늦게 사이트에 들어갔다. 조금이라도 늦게 결과를 확인하고 싶었던 것이다. 확인해보니 1차에 예상치 못하게 붙었다. 나는 1차 합격이라는 말을 보자마자 눈물이 왈칵 쏟아졌다. 여러 가지 생각이 들었다. 우선 합격해서 좋기도 하고 그동안의 불안함과 두려움이 해소되는 것 같았다.

합격했다는 기쁨도 잠시 2차에 대한 부담감과 하기 싫다는 생각이 계속 들었다. 학원에서는 1차 합격을 축하하며 이제 조금만 하면 합격하겠다고 응원했다. 그런데 이상하게 나는 힘이 나질 않았다. 아주 잠깐 좋았을 뿐 더 이상 좋은 감정은 없었다. 나도 내가 왜 이러는지 잘 이해가 되질 않았다.

우선 나는 억지로 학원에 갔다. 집에서 혼자 하는 것보다는 다른 사람들과 함께 하면 배울 점도 많고 열정이 생길 것이라고 생각했다. 그래서 학원에 갔는데 나날이 나는 쭈그러드는 느낌이 들었다. 다른 사람들은 하나라도 놓칠 새라 수업에 열중하고 연습도 쉴 새 없이 했다. 그런데 나는 그 상황에 갑자기 숨이 턱 막혔다. 나는 단지 사람들을 지켜만 보며 초조

해하고 있었다.

이런 나의 감정은 행동으로까지 나타났다. 어느 날, 강사분 앞에서 수업 실연을 하고 있었다. 그런데 강사분이 "선생님, 무슨 안 좋은 일 있어요?"라고 물었다. 나는 "아니오."라고 짧게 대답했다. 기분이 좋지 않았을 뿐 특별히 어떤 일이 있었던 것은 아니기 때문이다. 강사분은 수업 실연을 마치고 나가려는 나에게 "이제 거의 다 왔어요. 조금만 더 힘내요."라며 응원했다. 하지만 그 말은 힘이 되지 않았다.

나도 '내가 왜 이러나.' 생각했다. 다른 사람들은 몇 년씩 준비해서 1차 합격하는 사람도 있었다. 5개월 만에 합격했으면 아주 좋은 일이고 기뻐할 일이었다. 그런데 나는 왜 기쁘지 않았을까? 나는 왜 더 힘내서 하지 않았을까? 나는 단지 나의 불안하고 두려운 감정에 휘둘리고만 있었다.

친구라도 만나면 기분이 조금 나아질까 하여 학원 근처에 살던 친구에게 연락했다. 친구를 만나서 수업 실연 녹음한 것을 들려줬다. 수업 실연할 때 맨 처음에 아이들을 집중시키기 위해 노래 부르는 것이 있었다. 친구는 그 노래가 이렇게 슬픈 노래인 줄 몰랐다고 했다. 원래 밝고 신나는 노래인데 내가 부른 노래는 아주 슬프게 들린다고 했다. 친구는 아까 만나자고 연락을 받았을 때 내 목소리가 너무 슬퍼 보여서 나를 얼른 만나러 왔다고 했다. 나는 내가 왜 이러는지 모르겠다며 친구와 이야기했다.

친구는 시험 준비를 하느라 내가 너무 힘든 것 같다고 했다. 나는 '시험이 끝나면 나아지겠지.' 하며 친구와 이야기를 하다가 집으로 왔다. 그날 밤, 나는 베개에 얼굴을 묻고 하염없이 울다가 잠이 들었다.

시간은 흘러 2차 시험을 보는 날이 왔다. 새벽 4시에 일어나서 준비를 하고 밥도 든든히 먹고 시험장에 갔다. 이틀 동안 면접과 수업 실연을 봤다. 면접과 수업 실연 순서를 기다리며 나는 내가 긴장도 하지 않고 있다는 것을 느꼈다. 나는 어떻게든 나의 기분을 좋게 하려고 했다. 아니, 긴장이라도 조금 해서 힘을 내려고 했지만 잘되지 않았다. 나는 거의 자포자기 수준이었던 것이다. 시험장에 온 것만으로도 다행이라고 생각했다. 순서가 되어 시험장 안으로 들어가 면접을 보고 수업 실연을 했다.

시험장 문을 닫고 나오는데 드디어 끝났다는 홀가분함이 느껴졌다. 그리고 15-20분이라는 아주 짧은 시간을 위해 오랫동안 고생했다는 것이 허무하게 느껴졌다. 임용 고시를 봐서 유치원 교사가 되는 것이 꿈이라고 생각했지만 이게 정말 내가 원하던 것이었는지 의구심이 들었다. 나는 또 나의 감정에 이리저리 휘둘리고 있었다.

유치원을 퇴사하고 유럽 여행을 선택한 것도, 유럽 여행을 다녀와서 임용 고시를 본 것도 모두 나의 선택이었다. 그런데 나는 그 선택을 이성적이 아니라 감정적으로 생각해 결정했다. 이성적으로 생각했다면 유치원을 다니면서 방학 기간에 짧게라도 유럽 여행을 할 수도 있었다. 임용 고시 2차를 준비할 때도 열정적인 다른 사람들을 보며 자극을 받아서 더욱 노력하고 연습할 수도 있었다.

하지만 그때 나는 나의 감정을 그 무엇보다 중요하게 여겼다. 내가 좋으면 하고 싫으면 안 하려고 했다. 좋은 감정이 들면 그것 하나만 보고 행동을 했고 나쁜 감정이 들면 해야 할 일도 그냥 안 하고 말았다. 나는 감정에 따라 이리저리 휘둘리는 꼭두각시 같은 존재였다.

사는 게 행복하지 않은 너에게

'NO'라는 말은
왜 꺼내기 어려울까?

거절할 것이라면 처음부터 거절하는 것이 친절하다.
– 푸블릴리우스 시루스(고대 로마 작가)

윗사람의 말이라면 무조건 들어야 하는 줄 알았던 시절

당신은 다른 사람에게 'NO'라는 말을 쉽게 하는가? 혹은 누구에게는 쉽고 누구에게는 어려운가? 나에게 'NO'라는 말은 참 꺼내기 어려운 말이었다. 친하거나 성격이 좋은 사람에게는 'NO'라는 말이 쉽지만, 상사나 어른에게는 이 말을 꺼내기가 무척 어렵게 느껴졌다.

유치원에 근무할 때, 동료 교사가 나에게 지어준 별명 중 하나는 '단호박이었다. 먹는 단호박이 아니라 단호하다고 해서 단호박이었다. 나는 별명을 지어준 동료 교사가 어떤 제안을 했을 때 싫으면 싫다고, 좋으면 좋다고 그 자리에서 바로 말했는데 이런 일이 반복되다 보니 별명이 단호박이 된 것이었다.

그런데 이렇게 단호하게 말하는 것을 상사인 원장 선생님에게도 했을까? 아니다. 나는 원장 선생님에게 'NO'라고 말한 적이 별로 없었다. 동료 교사에게는 그래도 친분이 있다고 생각하니까 나의 의견을 제대로 말할 수 있었다. 그 동료 교사와는 근무 시간뿐만 아니라 사적으로도 같이 만나서 밥도 먹고 같이 놀러 다녔다. 그리고 동료 교사의 성격을 봤을 때 그것으로 기분 나빠 하지 않을 거라고 알고 있었다. 하지만 상사인 원장 선생님은 어떠한가?

사실 원장 선생님이 어떻게 생각할지는 잘 몰랐다. 그리고 나는 그럴 위치가 안 된다고 생각했다. 원장님 선생님 밑에는 주임 선생님이 있었다. 주임 선생님 밑에는 기존에 근무하던 선생님들이 있었다. 그래서 초임 교사 시절, 나는 무조건 윗사람의 말이라면 들어야 하는 것인 줄 알았다. 회사는 일을 하는 곳이기 때문에 윗사람과 친분을 쌓는다는 것은 내가 어느 정도 경력자나 위치가 돼야 가능한 줄 알았다.

퇴근 시간이 지나도 원장 선생님과 주임 선생님이 퇴근하라는 말을 하지 않으면 가지 않고 있었다. 야근을 해야 하는 날이면 군말 없이 야근을 했다. 나는 이게 직장인이라면, 특히 초임 교사라면 당연히 겪어야 하는 일이라고 생각했다.

시간이 흘러 나는 기존에 근무하던 교사와 경력자가 됐다. 그럼 이제 경력자도 되고 위치도 되었으니까 'NO'라는 말을 쉽게 꺼냈을까?

당연히 아니다. 나는 원장 선생님에게 'NO'라고 쉽게 말하지 못했다. 나와 입사 동기지만 나보다 경력도 많고 나이도 많은 선생님이 있었기 때문이다. '그 선생님도 가만히 있는데 내가 뭐라고 나서나.'라고 생각했다. 알게 모르게 나는 내 마음 속에 서열을 따지고 있었다. 그리고 나는 늘 낮은 위치에 있었다. 또한 'NO'라는 말을 해서 상사의 기분을 나쁘게 하면 안 된다고 속으로 생각하고 있었다.

유치원에 근무하면서 나는 상사뿐만 아니라 학부모님들에게도 'NO'라는 말을 잘하지 못했다. 유치원 교사는 주로 아이들과 지내긴 하지만 학부모님들과 협력하여 아이들이 잘 성장하도록 지도하는 것이 필요하다. 그러기 위해서는 무엇보다 학부모님들과의 소통이 중요했다. 그래서 전화 상담을 주로 하는 편이었다. 상담을 하다 보면 학부모님들의 요구가 많았다. 나는 그 요구들을 다 들어주는 것이 교사의 역할 중 하나라고 생각했다.

　다만, 유치원에도 규칙이 있었다. 학부모님들이 주시는 선물은 일체 받지 않는다는 것이었다. 초임 교사 시절, 한 남자아이가 선생님 선물이라고 하며 쇼핑백을 가져왔다. 쇼핑백 안을 보니 바디워시가 2개 들어 있었다. 곧 스승의 날이라 감사하다며 아이의 할머니가 선물을 보내주신 것이었다. 유치원 규칙에 따라 선물을 받을 수 없어 아이의 손에 다시 선물을 돌려보냈다.

　그러자 몇 시간 뒤, 차량 선생님은 내게 할머니가 무척 화를 내셨다고 전달해줬다. 아이의 부모님에게 미리 전화를 드려 선물을 받지 않는 유치원 상황을 자초지종 말씀드렸다. 그런데 할머니에게 아직 전달이 안 된 것이었다. 나는 화를 냈다는 할머니의 마음이 이해가 갔다. 할머니는 나를 생각해서 선물을 정성껏 준비해 아이 편에 보냈는데 내가 그 선물을 거절한 것이다. 할머니는 선물을 줬는데 '고맙다'는 말 대신 'NO'라는 말을 들은 것이나 마찬가지였다. 그러니 당연히 화가 날 수밖에 없지 않은가? 이처럼 'NO'라는 말은 적절하게 사용하지 못하면 사람들을 서운하게 하고 화까지 나게 만든다.

집에서도 하기 어려웠던 말 'NO'

　나는 직장뿐만 아니라 집에서도 엄마에게 'NO'라고 말하는 것이 어려

　사는 게 행복하지 않은 너에게

왔다. 왜냐하면 엄마가 아팠기 때문이다. 엄마는 대장암 판정을 받았다. 지방에서 근무하는 오빠들과 아빠 대신 내가 엄마의 보호자가 돼야 했다.

처음에는 엄마의 보호자로 나는 병원에서 잤다. 병원에 있는 침대 의자는 너무 불편했다. 내 키가 큰 건지 의자 길이가 짧은 건지 늘 내 발이 밖으로 나왔다. 그래도 아픈 엄마의 옆에 내가 있어야겠다고 생각했다. 그리고 환자복을 입고 있는 엄마를 보면 'NO'라고 말하는 것이 힘들었다. 그냥 내가 조금 더 힘들면 엄마가 얼른 나을 거라고 생각했다. 엄마도 아픈 적이 별로 없어서 대장암이 크게 다가왔고 두려움을 느끼는 듯했다. 그래서 내가 매일 병원에 와주길 바랐고 나는 엄마의 부탁을 거절하지 못했다.

그러던 어느 날, 나는 아침에 눈을 떴는데 일어날 수 없었다. 몸에서 열이 나고 콧물도 계속 났다. 아파서 몸을 움직일 수 없었다. 마침 주말이라 아빠가 쉬는 날이었다. 아빠는 나의 상태를 보고 오늘은 약 먹고 집에서 푹 쉬라고 했다. 그리고 병원에 있는 엄마에게 아빠가 갔다. 나는 그날 집에서 꼼짝도 못하고 하루 종일 누워만 있었다.

이전에 엄마 병문안 오신 분이 내게 "환자는 의사 선생님이 돌봐주지만 보호자는 아무도 돌봐주지 않으니 스스로 건강을 잘 챙겨라."라고 말씀하셨던 것이 생각났다. 그때는 엄마가 아프다는 생각이 머릿속에 가득 차서 그게 무슨 말인지 잘 와닿지 않았다. 그런데 내가 아프고 나서야 그 말이 무슨 말인지 알게 됐다. 나는 계속 같이 있고 싶어 하는 엄마에게 적당히 'NO'라고 말하고 내 몸을 먼저 챙겨야 했다. 그게 나와 엄마, 모두를 위한 것이었다.

하지만 나는 엄마가 아프다는 이유로 'NO'라고 말하질 못했다. 그렇게 말하는 것이 엄마를 더 아프게 만드는 것이라고 생각했다. 그러다가 결국 내가 아프게 되니 그 생각이 얼마나 잘못된 것인지 알 수 있었다.

'NO'라는 말을 꺼내기 어려운 이유

'NO'라는 말은 대부분의 사람들에게 꺼내기 어려운 말이다. 나는 왜 이 말이 그토록 꺼내기 어려운 것인지 생각해봤다. 그리고 3가지 마음이 있다는 것을 알게 됐다.

1. 나는 상대방의 말을 거절할 가치가 없다는 마음
2. 상대방에게 잘 보이고 싶고 내가 좋은 사람이라는 것을 알려주고 싶은 마음
3. 내가 희생한 만큼 보상받고 싶은 마음

나는 늘 나보다 상대방을 중요하게 생각했다. 특히 어른이나 상사 등

윗사람에게는 더욱 그랬다. 그들의 말은 무조건 다 들어줘야 한다고 생각했다. 나는 그들보다 낮은 위치에 있는 사람이기에 그들의 제안을 거절할 가치가 없다고 생각했다. 그리고 그들은 나보다 오래 살았고 경험도 많을 테니 삶을 살아가는 방식을 더 잘 알 것이라고 생각했다. 나에게는 스스로 나를 낮추고 상대방을 높여 상대방에게 'NO'라고 말할 가치가 없다는 마음이 있었다.

그리고 나는 상대방이 나를 어떻게 생각할지 늘 살폈다. 상대방에게 늘 잘 보이고 싶어 했다. 상대방의 요구를 모두 들어주면서 내가 좋은 사람이라는 것을 확인받고 싶어 했다. 상대방은 나의 요청을 거절한 적이 있어도 나는 상대방의 요청을 다 들어주는 좋은 사람이라는 것을 알려주고 싶었다. '나는 좋은 사람이다.'라는 것을 늘 다른 사람에게 알려주고 싶은 마음이 있었다.

또한 '내가 이렇게까지 하는데 언젠가는 보상 받을 수 있겠지.'라는 마음도 있었다. 그래서 내 몸은 생각하지 않고 상대방을 좋게 하는 것에만 초점을 맞췄다. 항상 'YES'라고 말하며 내가 희생했으니 그만큼 좋은 결과가 있을 것이라고 생각했다. 내가 힘들면 힘든 만큼 보상받고 싶은 마음이 있었고 보상받을 수 있을 것이라는 바람도 있었다.

즉, 'NO'라는 말을 꺼내기 어려운 이유는 나의 가치를 상대방보다 낮게 두었기 때문이다. 그리고 상대방에게 잘 보여서 환심을 사려 했기 때문이다. 또한 내가 상대방의 제안을 승낙한 만큼 보상받을 수 있을 것이라는 심리도 작용했기 때문이다.

왜 자꾸
나는 혼자 있고 싶을까?

함께 있되 거리를 두라. 그리하여 하늘 바람이 그대들 사이에서 춤추게 하라.
– 칼릴 지브란(레바논 작가)

사람들을 좋아하지만 때로는 혼자 있고 싶어

예전부터 나는 사람들의 눈에 별로 띄고 싶지 않았다. 그러기 위해 택한 하나의 방법은 바로 조용히 사는 것이었다. 내가 해야 할 일만 하면서 조용히 지내기. 특히 새로운 사람을 만날 때나 오랜만에 친척들 모임에 가게 될 때, 나는 거의 말을 하지 않았다. 그리고 얼른 혼자 있는 시간을 갖게 되기만을 바랐다. 혼자 있는 것이 너무 편해서 나는 사람들을 별로 안 좋아하는 줄 알았다. 그런데 혼자 있고 싶다고 해서 사람들을 안 좋아하는 것이 아니었다. 나는 사람들을 무척 좋아하는 사람이었다.

사실 나는 어렸을 때부터 늘 사람들에게 둘러싸여 있었다. 주택에 살았을 때, 엄마는 집에서 재봉틀을 했다. 집에 매일 있는 엄마와 이야기도 하고 커피를 마시기 위해 동네 아주머니들이 끊임없이 우리 집을 다녀갔다. 지금 사는 아파트와는 달리 주택에 살면 모든 동네 사람을 알게 되고 서로 친하게 지낸다. 그래서 거의 매일 우리 집에는 손님이 왔고 나는 내 뜻과 상관없이 많은 사람들 틈에서 시간을 보냈다.

그리고 학교 다닐 때는 여러 명의 친구에게 둘러싸여 있었다. 나는 친구들과 있는 시간을 좋아했다. 그래서 매일 학교에 다니는 것이 정말 즐거웠다. 그런데 어느 날 낮잠을 자고 일어났는데 몸에 뭐가 막 나 있었다. 병원에 가보니 '풍진'이라고 했다. 전염성이 있기 때문에 학교를 며칠 쉬어야 한다고 했다. 그래서 어쩔 수 없이 학교에 못 가게 됐다. 일주일 정도 쉬고 다 낫게 되어 학교에 갔다. 학교에 가니 선생님과 친구들이 아주 반갑게 나를 맞아줬다. 내가 보고 싶었던 사람들이 나를 보고 싶어 했다니…. 나는 사람들에게 둘러싸여 많은 사랑을 주고받고 있었다.

이처럼 나는 사람들을 좋아했고 사람들과 함께 하는 시간을 무척 즐기던 사람이었다. 그런데 언제부터 혼자 있고 싶어진 걸까? 대학생이 되고

사는 게 행복하지 않은 너에게

나서부터일까?

대학생이 되고 나서도 나는 많은 사람들을 만났다. 대학교 선후배, 새로 알게 된 타 대학교 사람들, 새로운 모임 등에서 만난 사람들. 직장인이 되고 나서는 상사인 원장 선생님과 주임 선생님, 동료 교사들, 그리고 학부모와 아이들까지…. 여러 사람들을 만나며 좋은 일들만 있으면 좋겠지만 안 좋은 일들도 발생했다.

알게 모르게 상처를 주고받는 우리

대학교 때 유아교육과에 입학해 설레는 마음으로 인형극 동아리에 가입하게 됐다. 친한 친구도 함께 가입해서 같이 인형극 공연을 준비했다. 다른 과 친구들도 같이 가입했지만 같은 과 친구와 수업도 같이 듣고 시간을 더 많이 보내서 편했고 좋았다.

그런데 어느 날, 그 친구가 말도 없이 인형극 동아리를 탈퇴해버렸다. 이제 공연이 얼마 남지 않은 시간이었는데 말이다. 선배들과 동기들 모두 친구의 결정에 놀랐고 끝까지 책임지지 못한 친구의 태도를 비난하기 시작했다. 하지만 나는 다른 사람들과 똑같이 그 친구를 비난할 수 없었다. 나도 놀라긴 했지만, 앞으로 그 친구를 계속 같은 과에서 볼 사이였고 친하다고 생각했기 때문이다. 나는 가운데 끼어서 아무 말도 할 수 없는 상황이었다. 선배들은 그 친구와 같이 다니던 나도 동아리에서 탈퇴할까 봐 걱정했다.

나는 그 친구와 상관없이 계속 동아리 활동을 했다. 다만 그 친구에게 서운했다. 미리 말이라도 해주지···. 갑자기 친구가 동아리를 탈퇴해버려서 당황스럽기도 했고 그 친구에게 왠지 다가가기 어려웠다. 그 후, 나는 그 친구를 피해 다녔고 동아리 활동에도 혼자 참여하게 됐다.

나는 친구에게 상처를 받았다고 생각했다. 그 친구와 친하다고 생각했기 때문에 그런 일이 있으면 미리 말해줬을 텐데 그 친구는 나를 나만큼 친하다고 생각하지 않아서 말도 없이 동아리를 탈퇴했다고 생각했다. 나에게 말도 안 하고 마음대로 동아리를 탈퇴하다니···. 지금 와서 생각해보면 그 친구만의 사정이 있었을 것이다. 하지만 그 친구의 사정이 무엇인지 그 당시의 나는 알지 못했다. 나는 무척 서운했다. 그 서운함이 친구와의 관계도 멀어지게 만들고 나를 혼자 있고 싶게 만들었다.

직장인이 되고 나서 유치원에서 근무했을 때의 일이다. 아이들이 볼 수 있는 환경판을 제작하기로 했다. 그래서 환경판을 어떻게 하면 좋을 것인지 각자 알아오기로 했다. 나는 잘하고 싶은 마음에 퇴근해서 밤늦게까지 자료를 찾고 또 찾았다. 다음 날, 출근을 했는데 동료 교사가 깜박하고 환경판 제작을 어떻게 할지 찾지 못했다고 했다. 그러더니 갑자기 인터넷에서 자료를 금방 찾아 시안을 제출했다.

나는 동료 교사의 모습을 보며 내 것은 몇 시간 동안 힘들여서 찾았으니 당연히 좋은 결과가 나올 것이라고 생각했다. 그런데 피드백 결과, 내 것이 아닌 동료 교사의 시안이 채택됐다. 순간 나는 속으로 '말도 안 돼. 내가 얼마나 열심히 했는데! 그리고 저 선생님은 진짜 잠깐 찾던데. 어떻게 좋을 수가 있지?' 하며 억울하게 느껴졌다.

괜히 밤늦게까지 열심히 자료를 찾았다는 생각이 들었다. 그러면서 나는 동료 교사에게 상처받았다고 생각했다.

이렇게 사람들과 지내다 보면 알게 모르게 상처를 받는다. 다른 사람이 한 행동에 서운함도 느끼고 억울함을 느낀다. 한두 번은 괜찮을지 몰라도 이런 상황이 반복되다 보면 사람들은 '혼자 있고 싶어, 혼자가 편하지.'라는 생각을 하게 된다. 혼자 있으면 사람들에게 상처받는 일이 없고 편할 것이라고 생각하기 때문이다.

며칠 전, 결혼한 친구가 신혼여행을 다녀와서 모임을 가졌다. 그리고 결혼식장에서 만났던 다른 친구들에 대해 이야기를 했다. 그런데 친구가 나에게 전혀 예상치 못한 이야기를 들려줬다. "너 그때 A 봤다며? A가 너한테 상처받았었대. 네가 A한테 B 좋아한다고 놀렸었다며?" 친구는 내가 전혀 기억도 못하는 이야기를 하기 시작했다.

중학교 때, A는 B를 짝사랑하고 있었다. A는 B를 너무 좋아해서 선물을 준비했다. 그런데 A는 B에게 선물을 직접 주기가 쑥스러워서 B와 친하게 지내던 나에게 부탁을 했다. "B에게 이것 좀 전해줘."라고. 그랬더니 내가 A에게 "너 B 좋아해? B 좋아하면 네가 직접 전해줘."라고 말했다는 것이다. 그래서 결국 A는 B한테 선물을 전해주지 못했고 선물을 전해주지 않은 내게 상처를 받은 것이다.

"아! 내가 정말 그랬나? 진짜 나빴네?" 하며 나는 그때의 일을 기억하기 위해 애썼다. 그런데 나는 전혀 기억하지 못했었다. 이와 달리 친구 A는 아직도 그 기억을 잊지 못하고 상처라고 말하고 있었다. 이래서 가해자는 기억도 못하고 피해자만 기억해서 상처받은 일로 아파하는구나! 나는 늘 내가 피해자인 줄만 알았다. 나만 상처 받고 나만 아픈 줄 알았다. 그런데 이 이야기를 들은 순간 누군가에게는 내가 가해자가 될 수도 있겠다는 생각이 들었다. 친구가 해준 그날의 이야기에 여러 가지 생각이 들었다.

나도 여러 사람에게 알게 모르게 상처를 줬을 것이다. 그런데 상처를 준 기억은 빨리 잊는다. 아니 어쩌면 상처를 준 것도 잘 모른다. 이래서 가해자는 뻔뻔하다고 하고 피해자는 억울하다고 하나 보다.

생각해보면 동아리를 탈퇴한 그 친구도 자신이 다른 사람에게 상처를 준 것은 잘 모를 것이다. 다만 상처받았다고 생각하는 내가 있을 뿐이었다. 그리고 환경판 시안을 빠른 시간 내에 제출한 동료 교사도 다른 사람에게 상처를 줬다는 사실을 모를 것이다. 그것에 상처받았다고 생각한 내가 있을 뿐이었다. 내가 친구에게 상처를 줬다는 사실을 전혀 기억하지 못했던 것처럼 지금도 어딘가에서 누군가는 내게 상처받았다고 생각하고 있을 것이다.

이렇게 우리는 살아가고 있다. 알게 모르게 상처를 주고 상처를 받으며. 그래서 나는 자꾸만 혼자 있고 싶었던 것 같다. 내가 누군가에게 상처를 준 기억보다는 누군가에게 상처를 받았다는 생각을 하면서 말이다. 그래서 더 이상 상처 받고 싶지 않다는 생각으로 사람들과 가까이 지내기를 두려워하며 혼자가 편하다고 생각했던 것이다.

감정도 습관이다

어제와 똑같이 살면서 다른 미래를 기대하는 것은 정신병 초기 증세다.

– 아인슈타인(미국 물리학자)

늘 밝은 모습만 보이고 싶은 습관

어느 날 한 친구가 내게 말했다. "넌 좋겠다. 걱정이 없어서…." 나는 그 말을 듣고 놀랐다. 친구의 눈에는 내가 마냥 행복해 보였나 보다. "너는 아무 걱정 없을 것 같아." 나는 속으로 이렇게 말했다. '전혀 아닌데, 걱정 엄청 많은데.'

친구가 왜 이런 말을 내게 했을까? 나는 늘 친구들 사이에서 장난을 많이 치던 사람이었다. 말장난도 좋아하고 몰래 툭툭 치고 모른 척하고 지나가고…. 친구들 사이에서는 재밌다고 소문이 났다. 항상 내가 장난을 치며 웃고 있었기 때문이다.

그런데 모르는 사람들 앞에서는 엄청 조용해졌다. 평소 친구들 사이에서는 내가 장난도 많이 치고 시끄러우니까 친구들이 조용한 나의 모습을 보면 '이중인격자'라고 했다. 단지 나는 모르는 사람 앞에서는 예의를 차려야 하고 아직 친하지 않으니까 어색해서 조용히 있었을 뿐이었다. 대신 친구들이랑 있으면 편하고 재밌어서 장난도 많이 쳤던 것이다.

친구들이 지어준 나의 별명 중 하나는 할머니였다. 그래서 처음 본 친구들은 "네가 왜 할머니야?" 하고 물어봤다. 그러면 나는 "외할머니가 아니고 그냥 할머니야."라고 그냥 웃어넘겼다. 나도 왜 내 별명이 할머니였는지 이유를 잘 몰랐다. 다만 어떤 남자아이가 친구들 별명 지어주는 것을 좋아하는데 나를 보고 '할머니'라고 해서 그냥 내 별명이 '할머니'가 됐다.

'할머니'라는 별명이 좋기도 하고 싫기도 했다. 별명을 부르면 친구들이랑 빨리 친해질 수 있어서 좋았다. 한편으로는 예쁜 별명도 많은 것 같은데 할머니는 너무 늙어 보여서 싫었다. 결국 애늙은이라는 소리니까….

그래도 지금 생각해보니 좋은 점이 더 많은 것 같다. 친구들이 '할머니, 할머니.'라고 부르면서 더욱 나와 편하고 가깝게 지낼 수 있었다. 그리고 친구들이 장난으로 '할머니'라며 지하철 좌석 등 양보도 많이 해줬다. 그리고 조별 발표를 하게 되면 늘 나와 하고 싶어 했다. 학기 말 롤링페이퍼에는 친구들이 '할머니'여서 편하게 부르고 친하게 지낼 수 있어서 즐거웠다고 했다. 이렇게 나는 친구들 앞에서 늘 밝은 모습만 보여줬다.

그러던 어느 날, 한 친구가 "아, 힘들어." 하고 말하는 것을 들었다. 그런데 그 말이 너무 듣기 싫었다. 나도 힘들지만 힘들다는 말을 하면 더 힘들 것 같아서 안 하고 참았는데 그 친구가 너무 쉽게 말하니까 괜히 짜증이 났다. 그리고 그 말을 들으니까 괜히 내가 더 힘들어지는 것 같았다.

그래서 나는 그 친구를 보면서 힘들다는 말을 절대로 하지 않기로 결심했다. 힘들다는 말은 하는 사람도 듣는 사람도 더 힘들게 하는 주문 같다고 생각했기 때문이다.

그런데 어느 날 "아, 힘들다!" 하고 나도 모르게 이 말이 튀어나왔다. 그러자 누군가가 "힘들다 힘들다 하면 진짜 힘들다." 하고 말하는 장면이 떠올랐다. 그러니까 누군가가 어느 순간 했던 말을 나도 모르게 가슴속에 품고 살아왔던 것이다. 언제 들은 지도 모르는 이 말을 말이다.

단순히 그냥 힘들면 "힘들다." 하고 말하면 되는데 왜 자꾸 나는 내게 하지 말라고 했을까? 하지 말라고 하면 더 하고 싶은 마음도 있다. 그런

사는 게 행복하지 않은 너에게

데 나는 늘 그 말을 하지 못하게 꾹 눌러놓았다. 너무 힘들 때는 그냥 한 번 말하면 되는데 그게 참 나는 어려웠다. 나를 힘들지 않게 하려고 한 것이 나를 엄청 힘들게 만들었다는 것을 알게 됐다. 그냥 시원하게 힘들었다고 한 번 말하고 훌훌 털고 힘내면 될 것을 나는 늘 밝은 모습만 보이고 싶어 했다.

대학생 때, 고등학교 1학년 학생 과외를 한 적이 있다. 그때 남자아이가 내게 이런 말을 했다.

"선생님, 선생님은 왜 화를 안내요? 선생님, 부처 같아요."

나는 아이의 말에 그저 웃고 넘어갔다. 나는 평소에 화를 잘 내지 않는 성격이다. 화가 나면 화를 내기보다는 화를 꾹 참는 편이었다. 늘 어떻게 할 수 없는 경우가 많았다. 대신 나는 나 하나만 참으면, 나 하나만 괜찮으면 일이 잘 풀릴 것이라고 생각했다. 그래서 '참는 게 미덕'이라고 생각하면서 화가 나면 늘 화를 참았다.

친구가 배신을 해도 나는 화를 내기보다는 그 친구를 이해하려고 했다. 내 물건을 누군가가 훔쳐가고 그 범인이 누구인지 알아도 나는 아무에게도 말하지 못했다. 아무리 화가 나도 나는 나만 참고 나만 모른 척하면 아무에게도 피해가 가지 않을 것이라고 생각했다. 나는 늘 알면서도 모른 척했다. 그게 어른이 되어가는 과정이라고 생각했다. 나는 이게 습관이 될지도 모르고, 늘 좋은 사람인 척, 이해심이 넓은 척, 괜찮은 척했다.

나의 감정 습관을 알게 되다

또 다른 나의 감정 습관은 연민이었다. 나는 다른 사람들을 보면 항상 연민을 느꼈다. 사람들을 보면 '내가 모르는 아픔이 있지 않을까?' 하고 늘 생각했다. 밝아 보이는 사람을 봐도 '저 사람은 웃고 있지만 남모를 아픔이 있을 거야.'라고 생각했다. 다른 사람에게는 차마 말하지 못하는 아픔이 모든 사람에게 있을 것이라고 생각했다.

사람들을 보면 늘 짠하게 느껴졌다. 내가 연민의 시선으로 사람들을 보면 나의 기분이 무척 좋지 않았다. 그래서 사람들을 쳐다보는 것을 좋아하지 않았다. 어느 순간 나는 사람들을 쳐다보지 않게 됐다. 사람들을 보면 마음이 괜히 아팠기 때문이다.

그러던 어느 날 나는 이것이 나의 습관이라는 것을 알게 됐다. 사람들을 연민의 시선으로 바라보는 나의 감정 습관. 나는 내 마음대로 사람들을 보고 있었다. 사람들은 진짜 행복하게 살아왔을 수도 있는데 나 혼자 그 사람을 보고 마음 아파하고 있던 것이다.

내 연민의 감정 습관을 알게 된 후, 나는 사람들을 다르게 보기로 했다. 사람들을 행복의 시선으로 본 것이다. '이 사람은 행복하다. 내가 모르는 행복이 있지 않을까?'로 생각을 바꿔보았다. 그러자 사람들이 행복해 보였다. 내가 사람들을 보는 시선을 행복으로 바꾸니 사람들을 보는 것이 더 이상 힘들지 않았다. 오히려 사람들 보는 것이 좋아졌다.

밝게 보이려고 하는 것도 습관이고, 힘들지 않으려고 하는 것도 습관이었다. 화를 참는 것이 미덕이라는 것도 내 습관이었다. 사람들을 보며 항상 연민을 느끼는 것도 내 감정 습관이었다. 이렇게 내가 만든 것이 습관이라면 다른 습관도 얼마든지 만들 수 있다.

꼭 밝게 보이려고 하지 않아도 괜찮다. 가끔씩은 힘들다고 말해도 괜찮다. 화를 적절하게 표현하는 것도 습관으로 만든다면 더 이상 스스로를 힘들게 하지 않을 수 있다. 더 이상 좋은 사람인 척, 이해심이 넓은 척, 괜찮은 척하지 않아도 된다. 사람들을 더 이상 연민의 시선으로 보지 않아도 된다. 오히려 더욱 좋은 방식으로 바꿀 수 있다.

긍정적인 감정도 습관이다. 부정적인 감정도 습관이다. 이 감정들로 어떤 습관을 만들 것인지는 스스로 선택할 수 있다. 이왕이면 좋은 습관을 만들고 싶지 않은가? 습관을 만드는 데 큰 노력과 시간이 필요한 것도 아니다. 자신의 감정 습관을 인식하고 인정하라. 당신의 감정 습관은 무엇인가? 화가 날 때는 어떤 행동을 하는가? 당신이 사람들을 볼 때 어떤 감정이 드는가? 그리고 자신이 진짜 원하는 감정 습관을 만들어라. 생각과 관점을 조금만 바꾼다면 누구나 만들 수 있는 것이 바로 감정 습관이다.

억지로 애쓰지 않아도
괜찮아

씨앗, 너무 애쓰지 마. 너는 본디 꽃이 될 운명일지니.

– 『앗싸라비아』 중에서

아무리 노력해도 행복하지 않은 현실

우리 집 가훈은 '노력하는 사람이 되자.'이다. 그래서 가훈에 따라 나는 어렸을 때부터 늘 노력했다. 나는 무슨 일을 하든 늘 애썼다. 쉽게 얻는 것은 없다고 생각했다. '노력하면 언젠가는 행복해질 거야, 노력하면 언젠가는 좋은 일이 생길 거야.' 하며 언젠가 행복해질 날을 꿈꿨다. 그렇게 하루하루 살았다. 그게 옳다고 생각했다.

하지만 세상은 늘 내 뜻대로 되지만은 않았다. 늘 돈이 부족해서 돈을

벌어야 했고 관계에서 여러 상처를 받았으며 매일 열심히 사는 것 같은데
도 나는 전혀 행복하지 않았다. 내가 바라던 언젠가는 늘 멀리에만 있었
다. 나는 점점 열심히만 하는 삶에 지쳐가고 있었다.

책이나 주위 사람들은 내게 말했다. "하고 싶은 것은 해. 먹고 싶은 것
은 먹어. 되고 싶은 것은 되고 원하는 것은 그냥 하라고." 그래서 그렇게
조금씩 하기로 했다. 이렇게 하면 또 언젠가 내가 행복해질 것이라고 생
각했다.

그러니까 나는 이렇게 생각했다.

1. 내가 원하는 것을 이루지 못한 나는 불행하다.
2. 내가 먹고 싶은 것을 먹지 못한 나는 불행하다.
3. 내가 되고 싶은 것이 되지 못한 나는 불행하다.
4. 내가 하고 싶은 것을 하지 못한 나는 불행하다.

마치 꿈을 이루기 위해 사는 것처럼, 꿈을 위해 내가 존재하는 것처럼,
꿈을 이뤄야만 내가 행복한 것처럼 살았다. 그렇게 또 나는 내가 원하는
것, 먹고 싶은 것, 되고 싶은 것, 하고 싶은 것을 모두 이뤄야만 행복해질

것이라고 생각하며 하루하루를 살았다. 그런데 어느 날 의문이 들었다. 정말 그런가? 나는 꿈을 위해 태어났는가? 꿈을 이루지 못한 나는 정말 불행한 건가? 그냥 하나의 생각뿐인 것 아닌가?

몇 년 전, 할아버지가 돌아가셨을 때 갑자기 삶의 의미가 없어졌다. 나는 무력감에 빠져 휴학을 했다. 무조건 내 뜻대로 되어야만 한다는 것도 사라졌고, 내가 원하는 대로 되어야만 한다는 것도 사라졌다. 밥을 먹는 것도 의미가 없어졌다. 잠을 자는 것도 의미가 없어졌다. 친구들도 의미가 없어졌다. 내 주위에 있는 모든 것이 한순간에 의미가 없어졌다. 사는 것도 의미가 없어졌다. 그리고 깨달았다.

'내가 너무 많은 것에 의미를 부여하며 살았구나.'
'나는 내가 원하는 대로 되어야만 좋은 것이라고 생각하고 있었구나.'
'나는 내가 열심히 사는 게 좋은 것이라고만 생각했구나.'
'열심히만 하면, 노력만 하면 좋은 일이 생기고 행복할 거라고 생각하고 있었구나.'
'거기에 내가 의미를 부여하고 있었구나.'

정말 어쩌면 아무것도 의미 없을 수도 있겠다는 생각이 들었다. 그런데 사는 것이 아무 의미가 없다면 사는 게 정말 고통스럽고 힘들 수도 있겠다고 생각했다. '사는 것이 아무 의미가 없다면 너무 힘들기 때문에 사람들은 사는 것에 의미를 부여하는 것이 아닐까?' 하고 생각했다.

내가 원하는 것에 의미를 부여하고, 나의 가족에 의미를 부여하고, 내 외모에 의미를 부여하고, 내가 가진 물건에 의미를 부여하고, 내가 가진 권력에 의미를 부여하며 살고 있는 것은 아닐까? 이런 것에 의미가 없으면 나도 의미 없다고 생각했다. 그래서 '나는 여러 가지에 의미를 부여하고 그렇게 살아가고 있었구나!'라고 생각했다.

감정은 지극히도 개인적인 것

어렸을 때부터 할아버지를 무척 따르던 내게 할아버지는 아버지나 다름없었다. 어제까지 함께 있었던 사람이 하루아침에 이제 이 세상에 존재하지 않는다. 내 기억 속에는 아직 살아 있는데 이제 이 세상에는 없다. 주위를 둘러봤을 때 유난히도 나만 힘들어했다. 다른 사람들은 각자 자신의 삶을 잘 살아가는데 나 혼자 힘들어하고 울고 슬퍼했다.

그러다가 어느 프로그램에서 한 MC가 이렇게 말하는 것을 들었다. 슬픔은 지극히 개인적인 것이라서 몇 년이 지나면 딱 없어지는 게 아니라고. 그러니 시간과 상관없이 슬프면 울어도 괜찮다고…. 나는 그 말에 참고 있던 눈물을 흘렸고 그 말이 왠지 내게 큰 위로와 힘이 됐다.

보통 3년상이라고 한다. 그래서 나는 3년이 지나면 내가 괜찮아질 줄 알았다. 그런데 생각해보면 내가 느끼는 이 슬픔이 전혀 없어질 것 같지 않았다. 슬픔이 계속될 것만 같았다. 그래서 내가 잘못된 건가 생각했다. 그런데 그 말을 듣고 알았다. 슬픔은 지극히도 개인적인 것이라서 시간을 따질 수 없다는 것. 그러니까 내가 느끼는 슬픔은 지극히도 나만의 것이라 이 슬픔이 언제 나아질지는 알 수 없다는 것. '그렇구나! 내가 잘못된 게 아니구나!' 나는 지극히도 개인적인 슬픔에 빠져 있는 나를 기다려주기로 했다. 조금씩 시간이 흐르고 전혀 괜찮아질 것 같지 않던 나는 아주 조금씩 괜찮아졌다.

다시 복학을 하고 유치원 실습을 나가게 됐다. 실습에서 5살 아이들을 만났는데 아이들은 정말 귀여웠다. 몸집이 작은 아이들이 말을 하는 것이 신기하게 느껴졌다. 실습은 한 달 동안 진행됐다. 보통 실습을 하면 힘들기 마련인데 나는 실습이 정말 즐거웠다. 하루하루가 아이들을 만난다는 생각에 기쁘게 흘러갔다. 아이들도 마음을 열고 내게 다가와줬고 나도 아이들에게 조심조심 다가갔다. 아이들과 함께하는 시간이 정말 행복했다. 하마터면 이 아이들을 못 만날 수도 있었겠다고 생각하니 복학하길 참 잘했다는 생각이 들었다.

집에서만 계속 지낼 수도 있었는데 조금씩 나를 기다려주고 다독여줘서 실습도 하게 됐다. 실습을 통해 아이들을 만나고 선생님으로도 불렸다. 아이들과 함께 있으면서 많이 웃기도 하고 자연도 느끼며 순간순간 행복했다. 실습을 하며 아이들 덕분에 하루하루가 설레며 기다려졌다.

나는 무력감에서 벗어나 다시 살아갔다. 무력감에 빠졌을 때는 내가 전혀 나아질 것 같지 않았다. 삶에 아무런 의미가 없다고 생각했다. 매일 깜깜한 터널 속에서 살고만 있는 것 같았다. 그러나 억지로 애쓰지 않았다. 애를 쓸수록 더 깊이 빠져버린다는 것을 알았다. 조금씩 조금씩 나는 나를 기다려줬다. 그러다 보니 어느 새 나는 그 긴 터널을 빠져나왔다. 터널 안에 있을 때는 잘 몰랐다. 터널의 끝이 있을지 없을지. 터널 속에서는 전혀 끝이 보이지 않기 때문이다. 그 터널을 빠져 나와야만 알게 된다. '끝이 있긴 있구나!'

아주 힘들 때는 아무런 말도 위로가 안 될 때가 있다. 상대방이 나를 위하는 것도 알고 모든 것을 다 알겠는데도 아주 힘들 때는 너무 억지로 애쓰지 말자. 그냥 나를 좀 쉬게 두자. 그래도 괜찮다.

잠만 자고 싶을 때는 잠만 자고, TV만 보고 싶을 때는 TV만 보고, 아무것도 하고 싶지 않을 때는 아무것도 하지 않아도 괜찮다. 그렇게 조금씩 나를 기다려주자. 힘을 내지 않아도 괜찮으니까, 괜찮지 않아도 괜찮으니까, 천천히 아주 천천히 나를 기다려주자.

너무 이 상황을 벗어나야겠다고 생각하지 말고 너무 이런 자신을 자책하지도 말고 그냥 나만의 시간을 가지길 바란다. 듣고 싶은 노래를 듣고 바람 쐬고 싶으면 바람도 좀 쐬고. 아무것도 하고 싶지 않으면 그냥 가만히 쉬면서 그렇게 있자. 우리, 아주 잠시만이라도….

소중한 당신에게 말하고 싶다. 지금까지 충분히 애써온 당신에게 말해주고 싶다.

"억지로 애쓰지 않아도 괜찮아."

나를 구원할 수 있는
사람은 나뿐이다

'너 자신'이 되어라. '다른 사람'은 이미 누군가가 차지했으니까.

– 오스카 와일드(아일랜드 소설가)

모든 사람을 행복하게 만들고 싶었던 나

나는 늘 어려움에 처한 다른 사람들을 보면 도와주고 싶었다. 친구가 그냥 배고프다고 한마디 말하면 쉬는 시간에 같이 매점에 가자고 해서 빵을 사줬다. 음식을 먹을 때 친구가 돈이 없다고 하면 대신 돈을 냈다. 그리고 기부할 일이 있으면 그동안 꽁꽁 숨겨뒀던 비상금을 찾아서 내기도 했다. 나는 늘 모든 사람이 행복했으면 좋겠다고 생각했다. 그리고 '내가 도와주면 더 행복해지겠지.'라는 생각에 사람들을 도울 일이 있으면 무조

사는 게 행복하지 않은 너에게

건 도와줬다.

예전에 대학생 때 보조 교사로 일했을 때의 일이다. 나는 유치원 교실에 남아서 담임 선생님의 청소를 도와줬다. 청소는 내가 하지 않아도 될 일이었다. 그러나 내가 도와주면 조금이라도 더 빨리 끝낼 수 있으니까 나는 선생님이 해야 할 청소를 도와줬다. 이러한 호의는 한 번이 2번 되고 2번이 3번 됐다. 그러다가 어느 날은 청소를 안 도와주고 빨리 집에 가고 싶다는 생각이 들었다. 그래서 속으로 '오늘은 빨리 집에 가야지.' 하고 생각하고 있었다.

그런데 담임 선생님이 동료 교사들과 이야기하며 나를 쳐다보고 있었다. 내가 얼마나 잘 도와주는지 담임 선생님이 다른 반 교사에게 자랑하고 있는 모습이었다. 그러면서 "오늘도 도와주고 갈 거죠?" 이렇게 말하는 것이 아닌가.

'아! 나 오늘 빨리 가려고 했는데.' 나는 담임 선생님이 기뻐하는 모습을 보고 거절을 할 수 없었다. 그래서 "그럼요." 하고 대답했다. 오늘 빨리 퇴근하고 가려 했는데 계획이 틀어진 것이다. 그래도 나는 담임 선생님이 기뻐하는 게 더 좋다고 생각했다. 그리고 그날 나는 남아서 청소를 도와줬다.

나는 마치 내가 뭐라도 된 것처럼 모든 사람을 행복하게 만들고 싶었다. 힘든 일에 처한 사람들을 보면 모두 구원하고 싶었다. 아니 꼭 힘든 일이 아니어도 내가 도와줄 수 있는 일이 있다면 무조건 도와주려고 했다. 어떤 강연에서는 이런 성격을 가진 사람들을 '메시아 콤플렉스'를 가진 사람이라고 했다. '메시아 콤플렉스' 참 말을 잘 지었다. 나는 정말 무슨 신이라도 된 것처럼 모든 사람의 안녕과 행복을 바랐다. 그리고 내가 조금 힘들어도 다른 사람이 기쁘면 그걸로 나는 행복하다고 생각했다.

대학생 때, 같은 과 동기지만 나보다 한 살 많은 언니가 있었다. 언니의 고향은 부산이었다. 언니는 학교 앞에 있는 고시원에서 지내며 학교를 다녔다. 어느 날, 잘 지내던 언니와 갑자기 연락이 끊겼다. 다른 동기들에게 물어봐도 소식을 알 수 없었다. 언니는 학교도 나오질 않았다.

그래서 과사무실에 가서 물어 보니 언니가 휴학을 했다고 했다. 이유는 알 수 없었다. 나는 갑자기 걱정이 됐다. 언니에게 무슨 일이 생겨서 휴학을 했는지 궁금했다. 그리고 휴학을 했어도 연락이 끊기지는 않을 텐데 계속 언니에게 연락을 해도 받지 않았다.

며칠이 지나고 나는 너무 걱정이 돼서 언니가 지내던 고시원에 무작정 찾아갔다. 그리고 사람을 찾으러 왔다고 했다. 그곳에 있던 사람은 내게 잠시만 기다리라고 했다. 잠시 뒤, 언니가 한 방에서 나왔다. 다행히 언니가 고시원에 있었던 것이다. 언니를 보자마자 나는 울음을 터뜨렸다. 언니가 살아 있다는 사실에 나도 모르게 눈물이 나온 것이다. 언니는 휴학을 하고 사법 고시를 준비하게 됐다고 했다. 그래서 공부하느라 연락도 끊게 됐다고 했다.

나는 괜한 걱정을 한 것이었다. 나는 언니가 하도 연락이 안 돼서 잘못된 줄 알았다고 말했다. 그랬더니 언니가 걱정해줘서 고맙다고 하며 우는 나를 달래줬다. 나는 언니가 무슨 공부를 하든 상관없었다. 다만 언니가 아무 이상 없이 잘 지내고 있다는 것에 무척이나 안심이 됐다.

이렇게 나는 다른 사람에게 관심이 많았다. 그리고 내가 도와줄 일이 없는지 늘 살폈다. 나는 내가 아는 모든 사람이 슬픔보다는 기쁨을, 힘듦보다는 행복을 더 많이 느끼기를 바랐다. 그러기 위해서는 내가 뭔가 그들을 위해 해줘야 한다고 생각했다. 그래서 사람들에게 항상 관심을 가지고 먼저 연락을 했다. 상대방과 연락이 안 될 때는 무슨 일이 있나 하고 집까지 찾아갈 정도였다.

내가 정말로 구원해야 할 사람은 남이 아니라 나

그러던 어느 날, 자신을 먼저 챙기라는 내용의 책을 읽었다. 나는 의문이 들었고 외국 사람이 쓴 책이라는 것을 알게 됐다. 외국 사람은 우리와

문화 자체가 다르기 때문에 이런 말을 쉽게 하는 것이라고 생각하고 넘어 갔다. 시간이 흐르면서 자꾸 '나를 행복하게 하라. 나 먼저 행복해야 남도 행복하다.' 이런 글들을 많이 보게 됐다.

그리고 나는 스스로 물어봤다. '너, 행복하니?' 나는 당연히 내가 행복한 줄 알았다. 그런데 아니었다. 내 대답은 '아니, 하나도 안 행복해.'였다. 나는 그때 좀 충격이었다. 나는 사람들과 잘 지내는 내가 행복하다고 생각했는데 아니었다.

사실 나는 늘 남을 보고 있었다. 남을 보면서 남이 웃으면 나도 좋았다. 남이 슬프면 나도 슬펐다. 나는 늘 나보다 남이 먼저였고 그게 당연하다고 생각했다. 나를 먼저 생각하는 게 나쁘다고 생각했다. 그것은 이기적인 것이라고 생각했다. 남을 먼저 생각하는 것이 좋은 것이고 그게 옳다고 생각했다. 그리고 그것이 나를 행복하게 만든다고 생각했다. 그런데 내가 전혀 행복하지 않았다니! 내가 그동안 정성스럽게 쌓고 또 쌓은 것이 어느 순간 와르르 무너진 느낌이 들었다.

우리 집 앞에는 초등학교가 있다. 매일 점심시간만 되면 운동장에 아이들이 뛰어노는 소리가 들린다. 가끔 운동회나 체육대회 등 행사를 할 때는 온 동네에 울릴 정도로 시끄럽다. 그런데 나도 초등학교 때 운동회 하

사는 게 행복하지 않은 너에게

는 날이 즐거웠고 체육대회 등 여러 가지 행사하는 게 즐거웠다. 그런 행사를 할 때는 즐겁기만 하고, 아파트 안에 사는 사람들이 시끄러울 줄은 전혀 몰랐다. 그런데 아파트 안에서 초등학교 행사 소리를 듣고 있다 보니 그 소리가 정말 크고 누군가에게는 시끄러울 수도 있겠다는 것을 느꼈다.

사람들은 쉽게 입장을 바꿔서 생각을 해보라고 한다. 그런데 그 말은 말로 하기는 쉽지만 그렇게 실천하는 건 무척 어려운 일이다. 막상 일이 닥쳐보지 않으면 잘 모른다. 그냥 예상했을 때는 이러지 않을까 추측할 뿐이다. 하지만 직접 그 일을 당하거나 겪어보면 느껴지는 게 예상과는 많이 다를 때가 있다. 그래서 나는 다른 사람에 대해 함부로 말하지 않기로 했다. 내가 그 사람에 대해 다 아는 것은 아니기 때문이다. 내가 알지 못하는 그 사람만의 속사정이라는 게 있을 테니까.

어느 날 책 속의 한 줄이 내 마음에 와닿았다. 바로 "당신의 마음을 다 안다고 하지 않을게요."라는 글이었다. "네 맘 다 알아." 이 말은 틀렸다. 아무도 내가 느끼는 마음은 모른다. 내가 그 상황과 상대방의 말을 어떻게 느꼈는지, 내가 무슨 생각을 했는지는 나만 안다.

그런데 나는 늘 남만 구원하려고 했다. 나 스스로를 등한시한 채 남들만 기쁘게 만들려고 했다. 생각해보니 그것은 나의 욕심이었다. 나는 사람들의 마음을 다 알지 못했다. 단지 내가 '이렇게 행동하면 상대방이 좋아할 거야.'라고 나 혼자 추측했을 뿐이다.

그 사람의 이야기를 들어주려고 하기보다는 내가 상대방에게 해주고 싶은 대로 했다. 그 사람의 마음이 어떤지 물어보기보다는 내 방식대로 일을 처리하려 했다. 그 사람이 그것을 원하는지, 원하지 않는지는 전혀 상관하지 않았다. 그리고 내 마음과 생각대로 상대방에게 말하고 행동했다.

그것이 그들을 진정으로 기쁘게 했을까? 나의 관심이 정말 그들을 행복하게 했을까? 내가 그들을 진정으로 구원해줄 수 있었을까? 그 책 속의 한 줄을 읽고 나서야 나는 알게 됐다. 내가 다른 사람을 구원하고 싶다고 해서 그들을 구원할 수 없다는 것을. 내가 정말로 구원해야 할 사람은 남이 아니라 나였다는 것을. 그리고 나를 구원할 수 있는 사람은 나뿐이라는 것을. 나는 한참이 지나고 나서야 알게 됐다.

자꾸만 나를 나쁜 사람으로
만드는 사람과 이별하다

좋은 사람 많아요. 나를 힘들게만 하는 사람에게 시간 낭비하지 마세요.

– 『어떤 하루』 중에서

때로는 그냥 나쁜 사람 돼버리기

한 친구가 있었다. 이상하게 그 친구는 술만 마시면 내게 자꾸 전화를 했다. 그리고 자신의 연애 이야기를 하고 또 했다. 처음에는 나도 잘 들어 줬다. 얼마나 힘들면 술 마시고 나에게 하소연까지 할까 생각했다.

그런데 이 친구는 만나기만 하면 연애 이야기를 했다. "우리 이 얘기 그 만하고 다른 얘기하자."라고 말해서 다른 주제로 얘기를 간신히 돌렸다. 그러나 어느새 이야기는 다시 친구의 연애 얘기로 돌아왔다. 나는 친구의 연애 이야기가 전혀 궁금하지 않았다.

그러던 어느 날 그 친구와 통화 중에 또 연애 얘기가 나왔다. 그래서 "어, 어, 어." 하고 대답했다. 그러자 그 친구가 "너 내 얘기 듣고 있는 거 맞아? 왜 이렇게 성의 없이 대답해? 너 진짜 나빴다." 이렇게 말하는 것이 아닌가?

내가 왜 이렇게 대답하는지 몰라서 묻는 건가? 나는 "응, 나 나쁜 사람인 거 이제 알았어?" 하며 다음부터 전화하지 말라고 하고 끊었다. 그 친구에게 계속 전화가 왔지만 받지 않았다. 그러자 친구가 이번에는 문자를 여러 개 보냈다. 그래서 나는 친구에게 '더 이상 연락하지 마.'라고 문자를 보내고 친구의 번호를 바로 차단했다.

나도 처음에는 친구의 이야기를 성심성의껏 들어줬다. 그동안 같이 지낸 세월에 의리까지 생각해서 섣불리 친구의 말을 끊지 못했다. 하지만 나는 친구의 반복되는 이야기에 점점 지쳐갔다. 내가 한 번 건성으로 대답하자 친구는 나를 나쁘다고 말했다. 나는 친구가 말한 대로 그냥 나쁜 사람이 돼버렸다. 그리고 나아가 친구의 연락까지 차단해버렸다.

나는 여러 번 친구에게 신호를 줬다. 그러나 친구는 생각보다 쉽게 바뀌지 않았다. 나는 차라리 그 친구와 통화할 시간에 나와 즐겁게 시간을 보낼 사람들에게 더욱 나의 시간을 내주기로 마음먹었다. 신입생 때는 서

사는 게 행복하지 않은 너에게

로 다 모르는 사이이기 때문에 무리를 지어 다녔다. 그러다가 점점 친해지는 사람이 생겼다. 나는 8명의 친구들이 있는 무리에 속하게 됐다. 그런데 그 무리 중 한 친구가 다른 친구들에게 말하는 것을 듣게 됐다. "쟤는 왜 이렇게 나를 싫어해?" 하며 나를 보는 것이 아닌가?

그 얘기를 듣는데 속으로 '뭐지?' 했다. 나는 그 친구를 전혀 싫어하지 않았다. 그런데 내가 어느 순간 그 친구를 싫어하는 나쁜 사람이 된 것이었다. 사실 나는 그 친구와 별로 말할 기회가 없었다. 그래서 그 친구보다는 다른 편한 친구들과 더 많은 이야기를 한 것뿐이었다. 그런데 그 친구는 내가 자신을 싫어한다고 생각했다.

아마 그 친구는 내가 그 친구에게 다가가서 말을 걸어주기를 바랐을 것이다. 하지만 나는 그렇게 하지 않았다. 결국 그 친구가 원하는 대로 내가 행동하지 않았기 때문에 그 친구는 내가 자신을 싫어한다고 오해한 것이다.

나는 그렇게 말하는 친구가 괜히 미워졌다. 내 마음을 잘 알지도 못하면서 자신이 보고 싶은 대로 봤다고 생각했다. 나는 내가 자신을 진짜로 어떻게 생각하는지 물어보지도 않은 채 추측해서 함부로 말하는 그 사람이 싫어졌다. 정말 그 친구가 말하고 바라던 대로 나는 그 친구를 싫어하게 돼버렸다.

나를 좋은 사람으로 만드는 사람 vs 나를 나쁜 사람으로 만드는 사람

사람들과 지내다 보면 여러 가지 오해가 생긴다. 내가 한 행동을 상대방이 임의로 해석해서 오해가 생기기도 하고 상대방이 아무 의미 없이 던진 말에 때로는 내가 상처받기도 한다. 때로는 대화를 통해 관계를 풀어야 하는 것도 맞다.

그러나 자신을 자꾸만 나쁜 사람으로 만드는 사람과는 아예 이별하는 것도 좋은 방법이다. 자신의 에너지를 누구에게 쓸 것인지는 스스로 선택할 수 있다. 나는 나를 나쁜 사람으로 만드는 사람들보다는 나를 기쁘게 하고 함께 있으면 웃음이 나는 사람들에게 나의 에너지를 쏟고 싶다.

친구들 중 어떤 한 친구는 계속 내게 말버릇처럼 "미안해."라고 말했다. 그 친구는 내 옆을 지나가다가 몸을 조금만 스쳐도 "미안해."라고 했다. 음료수를 마시려고 캔을 딸 때도 자신이 소리를 낸 것에 미안해했다. 도대체 그게 무슨 미안할 일이란 말인가?

그러나 그 친구는 계속 내게 "미안해."를 습관처럼 말했다. 미안하지도 않을 일에 미안하다고 하니 내가 괜히 나쁜 사람이 된 것 같았다. 그래서 친구의 미안하다는 말이 정말 듣기 싫었다.

친구는 나뿐만 아니라 다른 사람들에게도 미안하다는 말을 시도 때도 없이 했다. 그 친구의 미안하다는 말을 듣는 사람들의 표정을 보면 좋지

사는 게 행복하지 않은 너에게

만은 않았다. 하지만 그 친구는 자신의 말이 상대방에게 어떤 느낌을 주는지 잘 모르는 눈치였다. 나는 그 친구와 친하게 지내고 싶었지만 쉽게 가까이 지내기는 어려웠다. 친구가 하는 그 말이 너무 듣기에 불편했기 때문이다. 그 친구와 있으면 괜히 내가 나쁜 사람이 된 것처럼 느껴졌다. 그래서 친구와 거리를 두었고 점점 멀어지게 됐다.

고등학교 때 만난 친구가 있었다. 그 친구에게 어느 날 연락이 왔다. 오랜만에 그 친구와 연락을 해서 무척 반가웠다. 나는 친구가 너무 반가웠는데 친구의 목소리는 그리 밝지만은 않았다. 그래서 무슨 일이 있는지 물어봤다. 친구는 갑자기 사정이 생겨서 내게 돈을 빌려줄 수 있는지 물어봤다.

나는 친구에게 돈을 빌려주고 싶었다. 그러나 그 당시 아르바이트로 생활비를 쓰고 있던 내게 여윳돈이 없었다. 그래서 친구에게 돈을 빌려주기 어렵겠다고 말했다. 그러자 다짜고짜 그 친구는 내게 이렇게 말하는 것이 아닌가?

"너는 돈이 있으면서도 돈을 안 빌려주냐? 치사하다. 치사해."

사람들은 때로 적반하장의 태도를 보인다. 그럴 때 내가 할 수 있는 선택은 2가지다. 맞대응을 하거나 아예 상대를 하지 않는 것. 나는 주로 후자의 방법을 사용한다. 맞대응하기에는 내 소중한 에너지만 소모할 뿐이다. "똥이 무서워서 피하냐, 더러워서 피하지."라는 말처럼 때로 관계에서 상대방의 반응에 상대하지 않는 것도 하나의 방법이다.

사람들과 관계를 맺다 보면 나를 좋은 사람으로 만드는 사람이 있고 나를 나쁜 사람으로 만드는 사람이 있다. 어떤 사람들과 지속적인 관계를 맺을 것인지는 남이 정해주지 않는다. 내가 관계를 정하고 선택할 수 있다.

어쩔 수 없는 관계란 없다. 자꾸만 나를 나쁜 사람으로 만드는 사람과는 과감하게 멀어져라. 그들은 당신의 에너지를 빼앗을 뿐이다. 언제까지 당신의 소중한 에너지를 그런 사람들에게 낭비할 것인가? 그런 사람들은 당신이 상대할 가치가 전혀 없는 사람들이다.

대신 나를 좋게 만드는 사람들과 지속적인 관계를 맺어라. 그들은 당신의 삶을 풍요롭게 만들어줄 것이다. 당신의 기분을 행복하게 만들어줄 것이다. 당신을 웃음 짓게 만드는 사람과 함께 하라. 소중한 당신의 에너지를 좋은 사람들과 함께 나누면 당신의 에너지는 넘쳐흐를 것이다.

지금 삶에 지쳐 있다면, 관계가 힘들게 느껴진다면 자꾸만 당신을 나쁜 사람으로 만드는 사람과 함께하는 것은 아닌지 살펴보자. 그리고 그런 사람이 당신 주위에 있다면 지금 당장 이별하라.

2장

나를 이해하면
감정이 보이고
관계가 풀린다

나는 나를
얼마나 알고 있을까?

당신만이 느끼고 있지 못할 뿐 당신은 매우 특별한 사람입니다.

– 데스몬드 투투(남아프리카공화국 신부)

틀에 끼워 맞추려고 한 나

신입생 때 나는 처음으로 MBTI라는 성격 검사를 했다. 여러 가지 질문
에 답하고 나면 내가 어느 유형에 속하는지 알 수 있었다. 검사 결과, 내
성격은 INFJ 유형이라고 나왔다. INFJ 유형의 설명을 읽어보니 나는 심
리적인 에너지가 외부보다 내부로 향해 있다고 했다. 즉, 나를 기운 나게
하는 힘이 바깥 환경보다는 나의 생각과 감정에 영향을 많이 받는다는 것
이었다. 그리고 나는 정보를 파악할 때 오감보다는 직감을 중시하고 객관

적인 사실보다는 주관적인 생각으로 판단하고 결정을 내린다고 했다. 이러한 설명을 읽으며 '내 성격이 정말 이렇구나!' 하고 공감하며 읽었다.

이런 성격 검사를 하면서 막연히 알고 있던 내 성격을 글로 명확하게 알 수 있었다. 그리고 나는 성격 검사를 하고 결과를 보는 것이 점점 재밌게 느껴졌다. 그래서 도형기질 검사 등 다른 성격 검사들을 발견하면 무작정 해보는 습관이 생겼다. 그리고 검사 결과에 나온 글을 보며 내 성격과 아주 잘 맞는다고 생각했다.

하지만 시간이 흘러, 나는 이런 성격 검사에 대해 의구심이 들었다. MBTI 검사를 했을 때 나는 내향적이라고 나왔다. 그러나 나는 상황에 따라 외향적일 때도 있었다. 그리고 감정적이라고 결과가 나왔지만 나는 이성적일 때도 있었다. 그 당시 나는 성격 검사를 양면적으로 살펴보지 않고, 오직 한 가지 결과만 보고 불신감이 생긴 것이다.

그래서 나는 어느 샌가 이런 검사들을 찾아보지 않게 됐다. 이런 검사들이 나에 대해 정확히 설명하지 못한다고 생각했다. 예를 들어 특정한 검사 후, 결과가 70대 30이 나오면 많이 나온 70이 나의 성격이라고 말해주는 것 같았다. 나의 또 다른 면인 30은 어느새 없어진 것처럼 느껴졌다. 그리고 주관식으로 내가 적기보다는 검사 틀에 있는 선택지 중에 내게 더 가까운 쪽을 선택해야 했다. 내게 또 다른 선택지는 없었다. 이러한 검사는 내 개별성을 존중하기보다는 어떤 특정한 틀 안에 나를 끼워 넣는 것처럼 느껴졌다.

모든 사람을 혈액형 4개로 나누고 '너는 A형이니까 소심하고, 너는 O형이니까 성격이 좋다.'라고 하는 것처럼 느껴졌다. 어떻게 모든 사람을 4개로 나눌 수 있겠는가. 나는 이런 결과에 연연하며 나 자체가 아니라 내 성격 검사 결과지로 나를 판단하고 있었다. 이런 검사 속에 진짜 나는 없고 틀에 끼워 맞춘 나만 있을 뿐이라는 사실을 깨달았다.

미처 몰랐던 나의 또 다른 면을 만나다

시간이 흐르고 나는 나에 대한 보고서를 쓰는 과제를 한 적이 있다. 내가 생각하는 나와 남이 생각하는 나에 대해 알아보고 느낀 점을 쓰는 것이었다. 먼저 '내가 생각하는 나' 부분에서는 나의 장점 12가지와 나의 단점 12가지를 찾아야 했다. 그리고 '남이 생각하는 나'는 다른 사람이 생각하는 나의 장점과 단점을 알아야 했다. 그래서 내가 보는 나와 남이 보는 나를 비교해보는 것이었다.

나는 이 과제가 주어졌을 때 아주 쉽겠다는 생각이 들었다. 왜냐하면 나는 나에 대해 잘 알고 있다고 생각했고, 평소에 나는 나에 대해 이런저런 생각을 많이 했기 때문이다. 과제를 위해 생활하면서 틈틈이 메모를 해놨다. 그리고 평소 내 행동에 대해 생각해보면서 과제를 했다.

남이 보는 나에 대해서는 어렸을 때부터 친하게 지냈던 친구 2명에게 물어봤다. 초등학교 때부터 친구였던 한 명과 고등학교 때부터 친구인 한 명에게 나를 어떻게 생각하고 있는지 물어봤다. 친구들은 나에 대해 자신이 느끼는 것을 거리낌없이 말해줬다.

친구들이 하는 말 중엔 내가 생각하는 나와 비슷한 것도 있었고 내가 모르는 나의 모습도 있었다. 내가 모르는 나의 모습은 첫째, 사소한 것도 약속을 잘 지킨다는 것이다. 다른 사람에게는 빈말이나 인사치레로 할 수 있는 말도 나는 그냥 넘기지 않고 지킨다고 했다. 예를 들어 친구와 대화하다가 다음에 어디를 가보자고 했을 때, 그냥 한 번 말하고 넘어갈 수 있는데 나는 기억했다가 그곳을 함께 꼭 가본다는 것이다.

둘째, 착실하고 바른 생활하는 이미지 속에 무엇인가 있을 것 같은 궁금증을 유발한다는 것이다. 친구가 나에 대해 모든 것을 아는 것은 아니다. 그래서 자신이 모르는 뭔가가 있을 것이라는 생각에 내게 계속 호기심이 생긴다고 했다.

셋째, 나의 생각이 확고하다는 것이다. 나는 좋아하는 것과 싫어하는 것이 확실히 정해져 있다고 했다. 이는 인정하고 싶지 않았지만 새롭게 알게 된 모습이기도 하다. 내가 생각하기에 나는 다른 사람의 의견에 줏대 없이 흔들리는 사람이었다. 그러나 친구가 보기에 나는 다른 사람의 조언이나 의견을 잘 들어주지만 내 생각을 거의 바꾸지 않는다고 했다.

친구들이 해준 말을 듣고 나를 다시 한 번 생각해보니 여러 가지 경험이 떠올랐다. 진로 결정할 때 여러 사람의 반대에도 불구하고 내가 가고 싶었던 유아교육과에 진학했던 것, 친구들과의 만남이 있을 때 내가 좋아하는 곳만 가고 싫어하는 곳은 가지 않았던 날 등이 떠올랐다. 나는 다른 사람의 의견도 존중하지만 내 생각도 존중하고 있었던 것이다. 친구들의 이야기를 들으면서 친구들이 내가 생각하는 것보다 훨씬 더 내게 관심이 많고 나를 더 많이 알고 있다는 생각이 들었다. 그리고 그런 친구들에게 고맙다는 생각도 들었다.

나는 이 과제를 하면서 나에 대해 다시 한 번 생각해보게 됐다. 내가 생각하고 있는 나의 모습과 다른 사람이 생각하고 있는 나의 모습에 대해 알아볼 수 있는 소중한 기회였다. 나에 대해 알아보며 즐거운 마음이 들었다. 주위 사람들이 나에 대해 나보다 더 잘 알고 있는 것 같아서 놀랍기도 했다. 이를 통해 나뿐만 아니라 주변에 있는 사람들이 더욱 소중하게 느껴지는 계기가 됐다. 앞으로도 나 스스로를 더욱 많이 아껴주고 주변 사람들도 더욱 소중하게 여기는 사람이 되어야겠다고 생각했다.

나는 나 스스로를 별로 좋아하지 않는 것 같았다. 항상 나보다는 남을 먼저 생각하는 사람이라고 생각했다. 그런데 한편으로는 나는 나를 너무 좋아했던 것 같다. 그래서 나는 내가 위험하지 않았으면 하는 마음에 나를 보호하고 싶은 마음이 강했는지도 모른다. 결국 내게는 나를 좋아하지 않는 마음과 나를 좋아하는 마음 둘 다 있었다. 그래서 남을 먼저 생각할 때도 있었고 나를 먼저 생각할 때도 있었다.

당신은 당신을 얼마나 알고 있는가? 나처럼 당신도 당신을 잘 알고 있는 줄 착각하고 있는 것은 아닌가? 당신은 예전의 나처럼 성격 검사의 결과를 보고 그것이 당신의 진짜 모습인 줄 알고 있을지도 모른다. 그러나 당신은 그 성격 검사의 결과가 아니다. 그것은 단지 당신이 가지고 있는 성격의 일부일 뿐이다. 당신 스스로와 다른 사람에게 당신에 대해 물어보는 시간을 가져보라. 그러면 당신은 당신의 새로운 면을 발견하게 될 것이다. 미처 몰랐던 당신의 또 다른 면을 만날 수 있는 기회를 스스로에게 제공하라.

나 자신의 생각과
감정에 집중하다

나는 항상 내가 강해지고 자신감을 가질 수 있는 길을 내 밖에서 찾아왔다.
그러나 그 길은 내 안에 있다. 항상 거기에 있다.
– 안나 프로이트(오스트리아 정신분석학자)

감정이 일어나는 이유

당신은 당신의 생각에 집중해본 적이 있는가? 당신은 지금 무슨 생각
을 하는가? 아무 생각도 하지 않는다고 생각을 하고 있는가? 그럼 이번
엔 다른 질문을 하겠다. 당신은 당신의 감정에 집중해본 적이 있는가? 당
신의 감정은 지금 어떠한가? 자꾸 질문만 해서 불편한가? 아니면 질문에
답하는 것이 재밌게 느껴지는가?

나는 생각과 감정에 집중해본 적이 없었다. 어떤 생각이 들면 생각대로

말하거나 행동했으며, 어떤 감정을 느끼면 그 감정과 하나가 되어 살았다.

그러던 어느 날, 감정은 왜 일어나는 것인지 의문이 들었다. 좋은 감정을 느낄 때는 세상 모든 것이 정말 아름답게만 보이고 사람으로 태어나 인생을 살아가는 것이 참 좋았다. 하지만 나쁜 감정이 들 때는 세상은 무척 위험한 곳으로 변했고 산다는 게 참 힘들게만 느껴졌다. 그래서 나는 좋은 감정만 느끼고 싶었다. 나쁜 감정은 느끼고 싶지 않았다. 그리고 도대체 이런 감정들은 왜 느끼는 것인지 무척 궁금했다.

내 방에는 책상이 없다. 방을 조금 더 넓게 쓰고 싶어서 책상 대신 직사각형 모양의 상을 펴놓고 사용한다. 그 상은 가벼워서 필요할 때 이리저리 옮겨다니기 편하다. 어느 날, 밖에 일이 있어서 다녀왔는데 누군가가 내 방에 있던 상을 쓰고 갖다 놓았다. 그런데 상 위에 있던 달력이나 노트북 등이 바닥에 널브러져 있었다.

나는 바닥에 내팽개쳐진 내 물건을 보며 오빠가 상을 쓰고 갖다 놓은 것이 틀림없다고 생각했다. 그리고 '오빠는 다른 사람의 상을 빌려서 썼으면 상 위에 있던 물건들은 제자리에 놓고 가야지, 왜 이렇게 내버려뒀을까?'라고 생각했다.

그리고 그 생각은 생각의 꼬리를 물어 '오빠는 내 물건을 쓰면 자꾸 함

사는 게 행복하지 않은 너에게

부로 놔둬. 저번에도 그랬었어.' 하며 과거에 있던 일까지 생각났다. 그리고 오빠에게 화가 났다.

그런데 그날 저녁 알게 된 사실 하나. 오빠가 상을 쓴 게 아니었다. 상을 쓴 사람은 엄마였다. 또 다른 사실 하나. 상을 내 방에서 가지고 나간 것은 엄마이지만 자리에 가져다둔 것은 아빠였다. 그러니까 엄마는 내 상이 필요해서 내 상 위에 있던 물건을 다 바닥에 내려놨다. 그리고 그 사실을 모르는 아빠는 상을 그저 내 방에 갖다놓기만 한 것이다.

나는 오빠가 당연히 그랬을 것이라고 오해하고 혼자 이런저런 생각과 감정에 빠져서 오빠를 미워했다가 혼자 화도 내다가 한 것이다. 그리고 사실을 알게 되자 오빠에 대한 감정이 스르륵 풀어졌다. '나 혼자 뭐한 거지?'

나는 이 경험을 통해 감정이 왜 일어나는지 알게 됐다. 바로 나의 생각 때문이었다. 별 생각이 없을 때는 아무 감정도 없었다. 그런데 어떤 생각을 하면 감정도 그 생각에 따라 생겼다. 외부의 상황을 볼 때도 내가 상황에 대해 이런저런 생각을 하고 감정을 느꼈다.

그리고 이 생각과 감정은 다른 누군가가 만든 것이 아닌 스스로가 만든 것이었다. 나의 생각과 감정에 집중하다 보니 나는 나 혼자 이런저런 생각을 하고 있고 이 생각으로 인해 여러 감정을 느끼고 있다는 것을 발견했다.

생각과 감정을 선택할 수 있는 나

평소에 내가 자주 느끼는 감정이 무엇인지 생각해봤다. 나는 늘 누군가를 그리워했다. 이 그리움의 대상은 늘 바뀌었다. 최근에는 함께 유치원에서 생활했던 아이들을 그리워했다. 아이들을 만나기 전에는 돌아가신 할아버지를 그리워했다. 할아버지를 그리워하기 전에는 또 다른 누군가를 그리워했다. 나는 이 그리움이라는 감정이 습관이라는 것을 알게 됐다.

이 그리움의 뿌리를 알고 싶어서 계속 과거의 기억을 쫓다가 나는 선생님에 대한 그리움에서 이 그리움이 시작됐다는 것을 알게 됐다. 초등학교 때 만난 선생님은 정말 친절하고 포근한 인상을 가진 분이었다. 나는 약을 혼자 먹을 수도 있는데 선생님에게 관심을 받고 싶어서 먹여달라고도 했다.

그런데 선생님이 다른 학교로 전근을 가게 됐다. 나는 매일 함께한 선생님을 다시 볼 수 없다는 사실에 그날 너무 충격을 받았다. 그래서 나는 학교에서 받은 빵과 우유도 먹지 않고 하루 종일 울며 누워 있었다. 나는

사는 게 행복하지 않은 너에게

그때 처음으로 이별을 경험한 것이었다.

그러다 2학년 때 선생님도 전근 가셨다. 3학년 선생님도 전근 가시려나 생각했는데 처음으로 선생님은 4학년 다른 반 담임 선생님이 됐다. 우리 반 담임 선생님이 아니어도 나는 선생님이 전근을 안 가셨다는 이유만으로 너무 기뻤다. 그래서 다른 반인데도 불구하고 선생님을 찾아갔다. 담임 선생님이 선생님 반에 심부름 시킬 것이 있으면 내가 하겠다고 손을 번쩍 들었다. 선생님과 이별을 하지 않았다는 것이 좋았다. 그리고 선생님에게 편지도 쓰고 선물도 드렸다. 그리고 선생님이 내게 편지를 줬을 때는 정말 하늘을 나는 것처럼 기뻤다.

하지만 선생님도 다음 해에 전근을 갔다. 시간이 흐를수록 나는 이별에 점차 익숙해졌다. 하지만 늘 선생님을 그리워했다. 평생 함께할 수 없다는 것은 알지만 이별은 늘 마음이 아팠다.

어느 순간 나는 사람들에게 마음의 벽을 쳤다. 사람들에게 너무 마음을 많이 주면 헤어질 때 내가 상처받으니까 적당히 줘야겠다고 생각했다. 그리고 사람들을 만나면 어느새 이별을 생각하고 있는 나를 발견했다.

시간이 흐르며 점점 내게 선이 생겼다. 그 누구도 어느 정도까진 괜찮지만 그 이상 넘어와서는 절대로 안 된다고 생각했다. 그렇게 나는 점점 나를 선 안에 가두었다.

더 이상 상처받고 싶지 않고 아픔을 느끼고 싶지 않다는 생각에 나는 나를 보호해야겠다고 마음먹었다. 나는 나만의 보호구역을 만들었다. 그게 스스로를 더 힘들게 만든다는 것은 까맣게 모른 채 말이다.

나는 하늘을 보는 것을 참 좋아한다. 하늘은 볼 때마다 다르다. 맑은 날 흰 구름들이 떠 있는 푸른 하늘을 보는 것도 좋아하고 비 오는 날 하얗게 변한 하늘을 보는 것도 좋아한다. 아무것도 떠 있지 않은 하늘도 좋아하고 저녁노을 지며 분홍색으로 변하는 하늘도 좋아한다.

동네에 있는 도서관을 갔다가 집에 오는 어느 저녁이었다. 그날도 밤하늘을 올려다봤다. 달이 구름에 가려서 잘 보이지 않았다. 걸음을 멈추고 계속 바라보니 달 앞에 있던 구름이 흘러가고 아주 밝은 달이 보이며 환하게 비쳤다.

이 풍경을 보면서 나는 구름이 생각과 감정과 비슷하다고 생각했다. 그럼 달은 누구인가? 달은 바로 '나'였다. 나는 달이고 생각과 감정은 그저 흘러가는 구름일 뿐이라고 생각했다. 그런데 내가 생각과 감정을 잡고 안 놓아주고 있는 것은 아닐까?

그저 생각과 감정이 구름처럼 그냥 흘러가게끔 놔줘도 되는데 나는 너무 생각과 감정을 내 것이라고 생각하고 그것과 하나가 되려고만 한 것은

사는 게 행복하지 않은 너에게

아닌지 생각했다. 내가 마치 그 생각이고, 내가 마치 그 감정인 것처럼 돼버린 것이다.

나 자신의 생각과 감정에 집중해보니 나는 여러 가지 생각을 하고 다양한 감정을 느끼며 살고 있었다. 나는 화가 나면 화 그 자체가 되었다. 영어 표현으로 치면 "I am angry.(나는 화이다.)" 상태가 되는 것이다. 하지만 생각해보라. 나는 화인가? 나는 화가 아니다. "I feel angry.(나는 화를 느낀다.)" 이 말처럼 나는 화를 느끼는 것뿐이다. 즉, 나는 감정이 아니다. 감정을 느끼는 존재이다.

그리고 생각과 감정은 긴밀한 연관성이 있다. 내가 하는 생각이 어떤 감정을 일으킨다. 나는 여러 가지 생각을 할 수 있는 사람이고 그 생각을 선택할 수도 있는 사람이다. 나는 생각과 감정에 끌려다니는 사람이 아니라 생각과 감정의 주인으로서 무엇이든 선택할 수 있는 존재이다. 당신도 나처럼 당신의 생각과 감정을 직접 선택할 수 있는 주인이다. 그렇다면 이제 주인으로서 어떤 생각과 감정을 선택하며 살아갈 것인가?

모든 감정에는
이유가 있다

우리가 무슨 생각을 하느냐가 우리가 어떤 사람이 되는지를 결정합니다.

– 오프라 윈프리(미국 방송인)

생각과 감정의 연관성

나는 늘 모든 것을 스스로 하려고 했다. 다른 사람들에게 피해 주는 것을 무척 싫어했다. 그냥 내가 조금 더 힘들면 된다고 생각했다. 내가 조금 힘들면 사람들이 편할 것이라고 생각했다. 그러던 어느 날, TV 프로그램을 본 적이 있다. 서로 모르는 남녀들이 모여 며칠간 생활하면서 알아보는 시간을 갖고 커플이 되는 내용이었다.

그중에 한 남자가 엄청 성실한 모습을 보였다. 아침에 알람을 맞춰서 일어났고 일어나자마자 이불을 정리하고 시간표대로 계획을 세워 모든 것을 실행하는 모습이었다. 사람들은 그를 '바른 생활의 사나이'라고 불렀다. 그런데 그 남자를 마음에 들어 하던 여자가 그에게 말했다. "그게 사람을 얼마나 외롭게 만드는 건 줄 모르죠?" 이 말이 내 귀에 쏙 들어왔다. 나도 예전에 사귀었던 사람에게 들어본 적이 있던 말이었다.

연애 당시, 나는 남자친구의 외롭다는 말을 잘 이해하지 못했다. 나는 외로울 틈도 없이 열심히 살고 있는데 상대방은 왜 외로움을 느끼고 있는지 전혀 몰랐다. 그냥 단순히 '가을이어서 계절을 타는구나!' 하고 생각했다. 그런데 시간이 흐르고 그 프로그램을 우연히 보게 되면서 그 당시 남자친구의 말을 이해할 수 있었다.

나는 다른 사람들에게 의지할 생각을 전혀 하지 않았다. 모든 것을 다 내가 해야만 한다고 생각했다. 아마 남자친구는 내가 자신에게 의지하기를 바랐을 것이다. 힘든 짐을 나눠서 같이 걸어가길 바랐을 것이다. 그러나 나는 절대로 의지하지 않았고 혼자서 모든 것을 해내고자 했다. 그래서 상대방은 자신이 나를 위해 해줄 수 있는 게 없다는 생각과 내가 의지하지 않고 스스로 혼자 한다는 생각에 외로움을 느꼈던 것이다.

어느 날, 나는 친한 친구를 만나 이야기를 나눴다. 친구는 다른 사람들에게 주목받는 것이 싫어서 교사 준비를 포기하겠다고 했다. 그 얘기를 듣는데 나도 사람들에게 주목받기를 좋아하지 않는 나의 모습이 떠올랐다. 그런데 나는 갑자기 의문이 들었다. 언제부터 나는 사람들의 주목을 받기 싫어했을까?

어렸을 때 엄마는 내가 사촌 오빠 군대 행사에 나가 사람들 앞에서 춤도 췄다고 했다. 나는 엄마의 말을 듣고 내가 절대 그랬을 리 없다고 생각했다. 그런데 세상에 태어났을 때부터 사람들에게 주목받기 싫어하는 아기가 있지는 않을 것이다. 나는 분명 내게도 사연이 있을 것이라고 생각했다. 그리고 언제부터 내가 사람들의 주목받기 싫어했나 생각해봤다. 그랬더니 한 사건이 떠올랐다.

초등학교 때의 일이다. 초등학교 1학년 하교 시, 담임 선생님이 아이들을 교문 앞까지 데려다줬다. 그날도 급식을 먹고 친구들과 모여서 선생님이 나오길 기다리고 있었다. 나는 친구들과 이야기하고 있었다. 그런데 어떤 남자아이가 뒤에서 내가 메고 있던 가방 손잡이를 잡고 빙빙 돌렸다. 나보고 재밌게 해주겠다며 가방을 잡고 돌리더니 갑자기 손을 탁 놔버렸다. 나는 중심을 잡지 못하고 튕겨져 넘어졌다. 그리고 땅바닥에 얼굴을 긁히고 말았다. 이마, 볼, 턱이 모래에 긁혀 상처가 난 것이다.

내 상처 난 얼굴을 본 친구들은 놀라서 얼른 나를 데리고 양호실에 갔다. 그런데 그때가 점심시간이라서 양호실 문이 잠겨 있었다. 친구들은 어쩔 줄 몰라 했고 나는 나를 못 봤으니 내 상태가 어떤지 전혀 알 수 없었다. 얼굴이 조금 따갑고 아프다고만 생각했다. 마침 지나가던 선생님이 나를 보고 교무실에 데려갔다. 그리고 휴지에 물을 묻혀서 얼굴에 묻은 흙을 먼저 닦아줬다. 그리고 약은 따로 없어서 집에 가서 바르라고 했다. 나는 집에 와서 내 얼굴의 상처를 보게 됐고 얼른 상처가 없어지길 바라며 연고를 발랐다.

다음 날, 나는 그 남자아이와 함께 아이들 앞에 섰다. 그리고 선생님은 "장난치면 이렇게 된다." 하시며 내 얼굴을 아이들에게 보여줬다. 나는 그때 내 자신이 너무 부끄럽고 창피했다. 그리고 친구들이 나를 한심하다고 생각하는 것 같았고, 그 상황이 두렵게만 느껴졌다. 나는 얼른 그 상황에서 벗어나고만 싶었다. 다행히 얼굴의 상처는 날이 갈수록 괜찮아졌다. 하지만 그날 느낀 수치심은 내 마음 속에 계속 남아 있었다. 그리고 그 수치심은 점점 나를 사람들에게 주목받는 것을 꺼리게 만들었다.

그 당시 나는 친구들이나 다른 사람들이 상처 난 내 얼굴을 보며 이렇게 수군댈 것이라고 생각했다.

'얼마나 장난을 쳤으면 얼굴이 저렇게 됐을까?'

'아우 조심 좀 하지. 난 절대로 장난치지 말아야지.'

'여자애 얼굴이 저게 뭐야?'

하지만 이제는 다른 생각도 할 수 있다는 것을 알게 됐다. 내가 만약 그런 아이를 봤다면 어떤 생각을 했을까?

'괜찮니? 아프겠다. 많이 아팠지? 많이 놀랐겠다.'

'상처는 금방 나을 거야. 네 잘못이 절대 아니야.'

'친구가 너를 정말 재밌게 해주고 싶었나 봐. 너를 다치게 할 줄은 전혀 몰랐을 거야.'

나는 어린 시절의 나의 생각이 아닌 지금의 나로 생각을 바꿨다. 그러자 내 생각 때문에 내가 수치심을 느꼈고 사람들에게 주목받기 싫어한 이유를 알게 됐다. 이유를 알게 되자 마음이 조금 편안해졌다. 나의 잘못된 생각 때문에 느낀 감정이었으므로 생각만 수정한다면 얼마든지 나는 수치심이 아닌 다른 감정을 느낄 수 있었다. 그리고 나는 사람들에게 주목받는 것을 싫어하는 것에서 점점 벗어날 수 있음을 알게 됐다.

사는 게 행복하지 않은 너에게

특정한 감정을 느낄 때 해야 할 것

어느 날 저녁, 친구와 지하철을 타고 집에 오는 길이었다. 친구는 핸드폰에서 신문 기사를 검색하다가 누군가의 자살 기사를 보았다. 그리고 이렇게 말했다. "사람들은 도대체 왜 자살하는 거야? 자살하려는 사람들 진짜 이해 못하겠어." 나는 친구가 내뱉은 이 말을 듣고 갑자기 화가 났다.

나는 왜 화가 났을까? 친구의 말이 틀려서? 아니다. 사실은 나도 살고 싶지 않은 때가 있었기 때문이다. 그런데 친구가 한 말이 힘들었던 그때의 내게 말하는 것처럼 느껴졌다. 그리고 '얼마나 힘들었으면 자살까지 생각했을까?'가 아니라 전혀 이해할 수 없다는 친구의 말이 나를 화나게 만든 것이었다.

선생님이 되기 전, 〈학교 2013〉이라는 드라마를 본 적이 있다. 거기에는 여러 학생이 나오는데 민기는 엄마의 지나친 간섭과 학업 스트레스를 받는 아이였다. 민기는 학교에서 논술 대회 중간에 시험을 포기하고 학교 옥상에 올라가서 자살을 시도하려 했다. 다행히 자살 시도를 하지 않았고 옥상에서 내려와 선생님과 대화를 나눴다. 선생님이 민기에게 해준 말이 참 인상 깊었다.

"민기야, 누구나 죽고 싶을 때가 있어. 죽고 싶단 생각을 하는 건 잘못한 게 아니고, 죽고 싶은데 그걸 견디고 버텨낸 게 아주 훌륭한 거야. 넌 오늘 아주 큰 산을 넘은 거야. 그것도 힘겹게. 그리고 아주 잘."

"민기야, 모든 것은 다 지나가. 당장은 큰일 같아도 다 지나가게 돼 있어. 그러니까 그 지나가는 시간을 잘 견디는 거, 그게 힘이야."

　다른 사람이 내게 외로움을 느끼고 내가 사람들의 주목받는 것을 싫어한 데는 다 이유가 있었다. 친구가 별 의미 없이 던진 말에 내가 화가 났듯이 모든 감정에는 이유가 있다. 그 이유는 바로 생각에서 비롯된 것이었다. 드라마 속 선생님 말처럼 어떤 생각을 하는 것은 잘못된 것이 아니다. 사람들은 무슨 생각이든 자유롭게 할 수 있는 권한을 가졌다. 어떤 생각을 하고 어떤 감정을 느끼며 살 것인지는 스스로의 선택이다. 당신이 어떤 특정한 감정을 느낄 때를 포착하라. 그리고 그때 당신이 무슨 생각을 하고 있는지 잘 살펴보라. 당신이 하고 있는 바로 그 생각에 감정의 이유가 있다.

사는 게 행복하지 않은 너에게

내 안의
상처와 마주하기

네 앞길을 가로막고 있는 유일한 사람은 너야. 이제 보내야 할 때야. 너를 편안하게 해줘봐.

– 영화 〈블랙스완〉 중에서

나의 어린 시절 상처

나는 2남 1녀 중 셋째, 아니 2남 2녀 중 넷째로 태어났다. 첫째 언니가 있었는데 아기 때 아파서 죽었다고 들었다. 엄마는 언니를 어디 묻었는지 모른다고 했다. 아마 아빠가 언니를 묻고 알려주지 않은 것 같다. 나는 내게 언니가 있다는 이 사실을 전혀 몰랐다. 20살이 넘어서야 삼촌에게 우연히 이 사실을 듣게 됐다.

나는 그것도 모르고 어렸을 때부터 매일 엄마에게 언니가 있었으면 좋겠다고 말했다. 오빠들이 내게 장난만 쳐서 언니가 있으면 잘해줄 것 같다는 생각이 들었다. 그런데 언니가 있었다는 사실을 안 뒤로 내가 그냥한 말이 엄마에게 상처가 됐을지도 모르겠다고 생각했다. 내가 아무렇지 않게 한 말에 엄마는 참 마음이 아팠을 것 같다. 언니가 있었다는 사실을 안 뒤로 나는 절대 언니가 있었으면 좋겠다는 말은 하지 않았다.

어렸을 때 엄마가 하도 나를 안 챙겨서 동네 사람들이 장난으로 나를 숨겨놨었다고 했다. 그러다가 엄마는 내가 없어진 걸 알고 일하다 말고 온 동네를 찾아다녔다고 했다. 그래서 아주머니들이 나를 찾긴 찾는구나 하면서 내가 있던 곳을 알려줬다고 한다. 나중에 생각해보니 엄마가 일하느라 바빠서 그런 것도 있지만 또 언니처럼 잃을까 봐 걱정도 많아서 나에게 마음을 쏟지 못한 것도 있지 않을까 하는 생각이 들었다.

우리 집은 회초리가 먼지떨이나 파리채로 정해져 있었다. 그래서 엄마에게 오빠들이 잘못해도 같이 맞았고 여러 이유로 많이 맞으면서 자랐다. 어렸을 때 엄마에게 맞는 게 너무 싫어서 하루는 짐을 싸서 옆집 할머니네 가서 살겠다고 나갔다. 할머니는 때리지 않고 나에게 친절하게 대해주니까 너무 좋았던 것이다. 나는 그날도 엄마한테 맞으면서 집에 들어왔다.

사는 게 행복하지 않은 너에게

어린 시절의 나는 엄마에게 상처받았다고 생각했다. 엄마에게 혼이 날 때마다 나는 엄마가 좋기도 했지만 한편으로는 세상에서 제일 무섭기도 했다. 어느 날 저녁, 잠을 자고 있는데 느낌이 이상해서 눈을 떴다. 엄마가 멍이 든 내 다리를 손으로 쓰다듬고 있는 모습을 보았다.

나는 엄마가 왜 그랬는지 이해가 잘 가지 않았다. 엄마가 나를 그렇게 만들어놓고선 왜 그러고 있는지 그 당시 어린 나는 알지 못했다. 다만 나는 엄마의 따뜻한 손길을 받으며 다시 눈을 감고 잠을 잤다.

어렸을 때는 크게만 보였던 것이 조금 커서 보면 정말 작다는 것을 알게 된다. 넓게만 보이던 학교 운동장이 정말 좁아 보였고 초등학교 때 쓰던 책상과 의자를 보며 내가 이런 곳에 앉아 있었다니 믿기지 않았다. 그리고 매일 고개를 들어 올려다만 보던 엄마가 어느새 나보다 작아져 있었다.

나는 상처보다 훨씬 더 큰 존재

몇 년 전, 엄마가 갑자기 집에서 쓰러졌다. 다행히 집에 아빠, 작은 오빠, 내가 있었다. 오빠는 침착하게 119에 전화를 했고 응급차가 와서 엄마가 병원에 실려 갔다. 엄마는 의식을 차렸고 자기가 왜 쓰러졌는지 몰랐다. 의사 선생님은 심장이 안 좋아서 그런다고 했다. 엄마는 병원을 다니며 심장 관련 치료를 받았다.

그리고 시간이 흘렀다. 1년 뒤 어느 날 엄마는 갑자기 또 쓰러졌다. 다행히 아빠와 내가 있었다. 나는 저번에 오빠가 했듯이 119에 전화했고 응급차가 와서 엄마는 병원에 실려 갔다. 엄마는 의식을 차렸고 자기가 왜 쓰러졌는지 몰랐다. 병원에서도 추측만 할 뿐 정확한 원인은 알지 못했다. 원인을 자세히 알기 위해 엄마의 심장에 칩을 심었다.

그리고 또 시간이 흘렀다. 이번에 엄마는 배가 아프다고 했다. 동네 병원에서는 맹장인 것 같다고 해서 맹장 전문 병원을 갔다. CT를 찍고 나서 의사 선생님은 큰 병원에 가보라고 했다. 큰 병원에 갔더니 의사 선생님이 보호자인 나보고 잠깐 와보라고 했다. '뭐지?' 하며 의사 선생님을 따라가봤다. 의사 선생님은 "환자분 대장암인데 모르셨어요?"라고 말했다. '대장암?' 이 말을 듣는데 갑자기 머릿속이 하얘졌다. '이 장면 드라마에서 많이 본 것 같은데….'

암이 흔해졌다고는 하지만 나에게 암은 드라마나 TV에서만 보던 것이었다. 그리고 이게 우리 가족 일이 될 줄은 전혀 몰랐다. "환자에게 말할지 말지 결정하고 알려주세요. 가족들 더 있어요? 빨리 입원시켜야 하는데…." 나는 우선 환자인 엄마에게 말을 하지 않기로 결정했다. 대신 엄마에게는 병원에 며칠 입원해서 정밀 검사를 해봐야 알 것 같다고 말했다. 그리고 입원 준비물을 챙기러 집에 다녀온다고 했다. 버스를 타고 집에

사는 게 행복하지 않은 너에게

가고 있는데 작은 오빠에게 전화가 왔다. 오빠에게 상황 설명을 하니 오빠는 우선 우리 둘만 알고 있는 걸로 하자고 했다.

엄마에게 암이라는 사실은 숨긴 채 일주일 동안 엄마 옆에서 간호하며 병원에서 지냈다. 병원 보호자 침대에서 자고 화장실에서 대충 씻었다. 엄마는 하나도 안 아픈데 왜 자신이 병원에 있어야 하는지 모르겠다고 했다. 이미 엄마의 병을 알고 있던 나는 엄마 앞에서 아무렇지 않은 척하느라 무척 힘들었다. 처음엔 믿기지 않았고 저녁이 되면 병원 의자에 누워 있는데 눈물이 흘렀다. 그래서 화장실 가서 몰래 울고 눈물을 닦고 왔다. 또 엄마 앞에서는 아무렇지 않은 척, 별일 아닌 척했다. 엄마가 참 불쌍했다. 열심히 일만 하다가 결국 암에 걸리다니…. 전에는 관심도 없고 와닿지도 않던 암이라는 단어가 참 크고 무섭게 들렸다.

엄마는 단지 혹 떼는 수술을 받는 정도로 알고 있었다. 의사 선생님은 따로 나를 불러서 엄마의 상황을 수시로 알려줬다. 일주일 뒤, 엄마는 암 제거 수술을 하게 됐다. 엄마는 회복 기간을 거쳐야 해서 병원에 더 머물렀다.

당시 임용 고시를 준비하고 있던 내게 시험일도 다가왔다. 시험 당일, 주말이라 집에 온 오빠들이 엄마 간호를 맡고 나는 시험을 보러 갔다. 아침부터 속이 안 좋아서 멀미를 하고 간신히 시험을 마치고 나왔다. 엄마의 수술 후, 조직 검사 결과가 나왔다. 대장암 3기 판정이 났다. 이제 항암 치료를 해야 되기 때문에 엄마에게 사실대로 말해줘야 했다. 아무것도 몰랐던 엄마는 의사 선생님을 믿고 항암 치료를 받기로 했다. 엄마의 항암 치료를 위해 보호자로 함께 시간을 보내게 되었고 시험 결과도 나오게 되었다.

시험은 불합격이었다. 나는 시험 결과를 보고 오히려 안심했다. 시험에 합격하면 다음 시험을 또 준비해야 했기 때문이다. 나는 시험보다 엄마와 함께 있는 시간이 더 소중하다고 생각했다. 그리고 나는 엄마의 항암 치료에 힘이 되어주기로 했다.

나는 늘 과거의 엄마 모습으로 엄마를 봤다. 어렸을 적 많이 때리고 화내던 엄마의 이미지로 엄마를 생각했다. 어렸을 때 엄마는 나에게 늘 큰 존재였다. 그런데 시간이 흘러 내가 자라서 엄마보다 키도 크고 엄마를 돌봐야 할 상황이 되니 정말 신기했다.

그리고 나는 항상 엄마가 있을 것이라고 생각했다. 그런데 엄마가 암에 걸린 소식을 들었을 때 내 생각이 어리석었다는 것을 느꼈다. 언제든 엄마가 떠날 수도 있겠다는 생각을 처음으로 하게 됐다.

나는 엄마처럼 살기 싫었다. 그런데 생각해보면 엄마는 지금까지 엄마 나름대로 정말 열심히 살았다. 그리고 지금도 열심히 살고 있다. 내가 뭐

사는 게 행복하지 않은 너에게

라고 엄마의 삶을 함부로 평가하고 싫다고 하는가. 엄마는 엄마 나름대로 최선을 다해서 살았다. 내가 상처라고 생각하는 엄마의 육아 방식도 그 당시의 엄마에겐 최선의 육아법이었다. 더 좋은 육아법을 알았더라면 당연히 자식들에게 하지 않았을까? 하지만 엄마는 더 나은 방법을 알지 못했고 그 당시의 엄마가 옳다고 생각하는 방식대로 우리를 키웠다.

내 안에 있는 상처와 마주하는 것은 생각보다 쉽진 않다. 상처는 자꾸만 숨기고 싶은 존재이다. 하지만 상처는 숨길수록 더 커진다. 용기를 내서 아주 작은 상처부터 꺼내 살펴보자. 속에 곪아 있던 상처는 꺼낼수록 치유된다. 그리고 드러난 상처는 잘 아물면 더 이상 상처가 아닐 수 있다. 단지 삶의 한 부분으로, 지나간 과거로 생각할 수 있게 된다. 상처를 하나둘 꺼내어 살펴보면 삶이 점점 가볍게 느껴질 것이다. 홀가분하게 살고 싶지 않은가? 그러니 용기 내어 당신 안의 상처와 마주하라. 당신은 당신이 받은 그 상처보다 훨씬 더 큰 존재이다.

남보다
나를 먼저 생각하라

자신이 자신을 위해주지 않으면 누가 당신을 위해줄 것인가?

– 히레르(이스라엘 랍비)

혼자여도 하고 싶은 것 하기

유치원 근무 당시, 나는 출퇴근하는 버스 안에서 노래 듣는 것을 좋아했다. 그러다가 우연히 어떤 노래를 듣게 됐는데 나는 그 가수의 목소리에 빠져버리고 말았다. '어떻게 이런 목소리를 가질 수 있을까?' 하며 나는 반복재생으로 한 가지 노래를 계속 들었다. 그러다가 그 가수의 다른 노래도 찾아 듣게 됐다. 노래 부르는 목소리뿐만 아니라 가사도 정말 좋았다. 나는 한동안 그 가수의 노래에 푹 빠져 있었다.

그런데 어느 날, 신문을 보다가 동네에 있는 공연장에서 내가 좋아하는 가수의 콘서트를 한다고 했다. 이럴 수가! 나는 무슨 일이 있어도 이 공연을 꼭 가야겠다고 생각했다. 같이 근무하던 동료 교사에게 말해 같이 가기로 약속했다. 좌석 2개를 예매했는데 운 좋게 맨 앞자리에 예매하게 됐다. 내가 좋아하는 가수의 공연을 맨 앞자리에서 볼 수 있다니! 나는 얼른 콘서트 날이 오기만을 기다렸다.

며칠 뒤, 우리 가족은 처음으로 다 같이 제주도 가족 여행을 가기로 했다. 여행 계획을 세우고 나서 보니 내가 좋아하는 가수의 콘서트 날과 제주도 여행 날짜가 겹쳤다. '아! 일정이 겹치다니!' 계획을 세울 때는 전혀 몰랐다. 선택의 순간이었다. 무슨 선택을 할지 고민하다가 나는 가족 여행을 선택했다. 나는 나보다 가족을 먼저 생각한 것이다.

그리고 동료 교사에게 말하고 동료 교사는 나 대신 다른 사람과 같이 콘서트를 다녀왔다. 가족 여행을 다녀온 뒤, 동료 교사에게 콘서트가 어땠는지 물어봤다. 동료 교사는 맨 앞자리에 앉아서 정말 가까이에서 가수의 노래를 들어서 좋았다며 가수의 입담도 정말 재밌었다고 했다. 나도 가족 여행이 재밌었지만 내가 좋아하는 가수의 콘서트에 가지 못한 아쉬움이 남아 있었다.

그래서 인터넷으로 검색을 해보니 가수의 콘서트가 다른 장소에서 또 있다는 것을 알게 됐다. 콘서트 예매하는 곳을 들어가봤다. 아! 그런데 이게 웬일인가? 맨 앞에 한 좌석이 비어 있었다. 나는 바로 예매했다. 그리고 태어나서 처음으로 좋아하는 가수 콘서트에 혼자 가게 됐다.

콘서트는 정말 좋았다. 처음에는 혼자 콘서트에 가는 것이 어색했다. 그런데 막상 콘서트에 가보니 생각보다 혼자 온 사람들이 많이 있었다. 그들을 보며 정말 대단하다고 느꼈다. 이런 사람들이야말로 용기 있는 사람이라고 생각했다. 늘 다른 사람과 어울리는 것을 좋아하는 나는 혼자 다니는 사람을 보면 참 멋있어 보였다. 다른 사람 시선을 의식하지 않고 당당하게 사는 멋진 사람이라고 생각했다. 그런데 내가 지금 그 자리에 있다니…. 나는 남보다 나를 먼저 생각한다는 것이 무엇인지 콘서트를 혼자 다녀오고 나서 조금씩 느끼게 됐다.

지인들과 유럽 여행을 갔던 때는 날씨가 좋은 4-5월이었다. 4월 말에는 이탈리아를 여행 중이었다. 그런데 이상 기후로 갑자기 이탈리아 날씨가 추워졌다. 봄 날씨인 줄 알고 얇게 입었던 나는 감기 몸살이 나고 말았다. 그날 일정을 마치고 지인들과 숙소로 돌아온 나는 집에서 챙겨온 비상약을 먹고 일찍 잠자리에 들었다.

그런데 다음 날 아침 나는 몸은 조금 회복됐지만 하루 쉬고 싶었다. 그래서 지인들에게 말하고 오늘은 숙소에서 쉬겠다고 했다. 예전 같았으면 나는 다른 사람에게 피해 주기 싫어서 말도 못하고 그냥 같이 다녔을 것이다. 그런데 그때 남보다 나를 먼저 생각했다. 그래서 하루 푹 쉬니 회복도 빨리 됐다.

지인들도 각자만의 시간을 보내게 됐다. 거의 한 달을 붙어 다니다가 내가 쉰다고 하니 그들도 따로 시간을 보냈다고 했다. 그리고 숙소로 돌아와 오늘 하루 있었던 이야기들을 내게 들려줬다. 성당에 간 이야기, 식당에서 본 웨이터 이야기 등 같이 다녔으면 그냥 넘어갔을 이야기들을 듣는 재미가 남다르게 느껴졌다.

내가 남을 먼저 생각했다면 아마 참고 다니다가 나중에 더 아팠을지도 모른다. 그러나 나를 먼저 생각하니 나도 좋고 장기적으로 봤을 때 그것이 남도 위하는 길이었다. 그날 딱 하루 쉰 후, 나는 한 번도 아프지 않고 건강하게 여행을 마무리할 수 있었다.

이처럼 내가 지금까지 살아오면서 남보다 나를 먼저 생각한 적이 얼마나 있었는지 생각해봤다. 그러자 생각보다 나를 먼저 생각한 적이 많이 있다는 것을 알고 깜짝 놀랐다. 나는 스스로를 늘 나보다 남을 먼저 생각하는 사람이라고 단정 짓고 있었다. 그러나 나는 어느 순간에서는 늘 남보다 나를 먼저 생각하고 있었다.

내 인생은 내가 사는 것

내 어렸을 적 꿈은 피아노 학원 선생님이 되는 것이었다. 그러다가 손가락이 심하게 갈라져서 피아노 연주를 그만두게 됐다. 그리고 나는 초등학교 선생님이 되기로 했다. 대학교를 결정하게 되는 고3 시절, 나는 점수 때문에 스트레스 받는 나와 내 친구들을 보며 진로를 바꿨다. 아이들을 점수로 평가하지 않는 유치원 선생님이 되기로 결심한 것이다. 유치원 선생님이 되려면 우선 유아교육과를 가야 했다.

그런데 내가 유아교육과를 가겠다고 결심했을 때 나는 부장실에 불려 갔다. 부장 선생님은 내 성적표를 보여 주며 문과에서 성적이 제일 좋다고 했다. 그래서 S대에 지원을 할 수 있다고 말했다. 그러나 그때 당시 나는 S대에 별로 관심이 없었다. S대에는 내가 가고 싶었던 유아교육과가 없었기 때문이다.

담임 선생님은 우선 S대 아무 학과나 들어가라고 했다. 아무 학과라니…. 나는 선생님의 말이 참 무책임하게 느껴졌다. 선생님은 아버지 직업까지 언급하며 집안이 가난하지 않느냐고도 했다. 꿈쩍도 않는 나를 움직이기 위해 일부러 그런 말씀까지 하신 것 같았다. 하지만 나는 선생님의 얘기가 하나도 귀에 들어오지 않았다. 그 당시 나는 오직 유아교육과라면 어느 대학이든 상관없다고 생각했다.

사는 게 행복하지 않은 너에게

처음에 나는 내가 처한 상황을 친구들에게 말도 못 꺼냈다. 친구들은 어느 대학을 가야 할지 고민했고 어느 대학이든 가기만 하면 좋겠다고 생각했다. 그러나 나는 남들 다 좋다고 생각하는 대학에 지원해볼 수 있는 기회가 주어졌는데도 안 하는 상황이었기 때문이다. 그러다가 짝과 이야기를 나누다가 내가 처한 상황에 대해 말했다. 그리고 그 말은 순식간에 퍼져 다른 반까지 소문이 났다. 다른 반 선생님들은 지나가는 나를 보며 한마디씩 했다. 어떤 모르는 선생님도 계단을 지나가는 나를 보며 아는 체했다. "바로 네가 그 유아교육과 가고 싶어 한다는 걔구나?"

반 친구들은 "네가 그런 곳을 왜 가냐, 힘들기만 한 곳이다, 가지 마라." 등 별별 반응을 다 보여줬다. 나는 사람들의 반응에 내가 배부른 고민을 하고 있는 건가 생각했다. 내가 너무 다른 사람 말 안 듣고 나 혼자 고집을 피우는 건지 다시 한 번 생각했다. 그런데 아무리 이리저리 생각해봐도 유아교육과에 가고 싶다는 생각밖에 들지 않았다.

나는 결국 남이 아닌 나를 먼저 생각하기로 했다. 그리고 나는 결국 S대 지원은 하지 않고 원하는 대학교 유아교육과에 지원하여 합격했다.

늘 남들은 나에게 여러 가지 이야기를 해 준다. 나는 참 어려운 것 같은 상황에서도 다른 사람들의 입장에서는 쉽게 보일 수 있다. 어쩌면 그 사람들이 바라보는 시선에서는 그 사람 말이 맞을 수도 있다. 하지만 내 인생은 누가 사는 것인가? 남이 대신 살아주는가? 아니다. 내가 사는 것이다. 내가 선택하고 내가 책임지며 살아가야 한다. 그래서 남 탓을 할 필요도 없다. 다른 사람이 말을 했다고 해도 그 사람 말을 들을지 안 들을지는 누가 선택하는가? 바로 나다. 내가 그 말을 듣기로 선택한 것이다. 그러니까 우리 남보다 나를 먼저 생각하자. 내게 먼저 어떻게 하고 싶은지, 정말로 원하는 것은 무엇인지 물어보자. 당신이 지금까지 어떤 선택을 했든, 앞으로 어떤 선택을 하든 당신은 그 당시에 최선의 선택을 한 것이다. 그 누구도 아닌 나를 위해!

사는 게 행복하지 않은 너에게

6

좋은 관계를 만들기 위해
일부러 노력하지 마라

옳고 그른 건 없어. 다 자기 가치에 따라서 살 뿐이야.
그래서 너 지금 이 순간 네 가치에 따라서 행복하냐고.
– 드라마 〈베토벤 바이러스〉 중에서

관계 속에서 애쓰던 나의 모습

나는 늘 좋은 관계를 위해 노력하는 사람이었다. 나는 가족뿐만 아니라 친구, 선생님 등 거의 모든 사람들과 좋은 관계를 만들고 싶었다. 굳이 사람들과 나쁘게 지낼 필요는 없다고 생각했다. 나는 만나는 여러 사람들과 친해지고 싶어 했다.

그래서 주위에 있는 사람들을 잘 살펴봤다. 무리에서 소외될 것 같은 사람이 있으면 먼저 다가가서 괜히 장난을 쳤다. 그리고 사람들에게 같이 밥 먹으러 가자고 제안하고 상대방을 편하게 해주려고 했다. 나는 특정한 누군가를 지정하기보다는 여러 사람들과 두루두루 친하게 지내는 게 좋다고 생각했다.

어느 날, 한 친구가 내게 편지를 써서 줬다. 편지를 읽어보니 그 친구는 내게 베프를 하자고 했다. '베프?' 처음에 나는 그게 무슨 뜻인지 몰랐다. 알고 보니 베스트 프렌드(best friend)의 약자였다. 즉, 서로 최고의 친구, 가장 좋은 친구가 되자고 했던 것이다.

솔직히 나는 그 편지를 받고 조금 놀랐다. 그 친구가 나를 이렇게까지 생각하고 있는지 몰랐다. 그리고 조금 미안한 마음도 들었다. '이 정도까지 친구가 나를 생각해주고 있구나!'

그런데 나는 그 정도까지 친구를 생각하는지 의문이 들었다. 사실 베스트 프렌드라는 말이 뭔가 나를 자유롭게 하지 못한다는 느낌이 들었다.

고등학교 때부터 만난 친구들이 있다. 친구들끼리 모임을 하면 유난히 나를 잘 챙겨주고 좋아해주는 게 느껴지는 한 친구가 있었다. 나는 그 친구가 나에게 왜 그러는지 잘 몰랐다. 그런데 나중에 그 친구가 하는 말을 통해 이유를 알게 됐다.

친구가 내게 말했다. "네가 그때 나한테 처음으로 말을 걸어줘서 얼마나 고마웠다고." 사실 나는 '내가 그랬나?' 하며 기억이 잘 나지 않았다. 친구는 그 당시 여러 친구 사이에서 아무도 몰라서 혼자 어색해하고 있었다고 했다. 친구들 눈치를 보며 어떻게 행동해야 할지 몰랐을 때 유일하게 내가 친구에게 말을 걸어줬다고 했다. 그래서 정말 고마웠다고. 그 친구는 그 고마움을 계속 기억하고 있었던 것이다. 10년 이상 지난 일인데도….

친구들과 관계를 맺으면서 내가 좋아하는 사람들이니까 모든 친구도 나를 좋아하면 얼마나 행복할까? 하지만 인생이 꼭 내 바람대로 되는 것만은 아니었다.

같이 다니던 친구들 중에 C라는 친구가 있었다. 이 친구는 그 당시 나와 가장 친하게 지내고 있었다. 그런데 어느 순간 그 친구는 D라는 친구랑만 다녔다. D라는 친구는 친구들 사이에서 성격이 안 좋기로 소문이 난 친구였다. 나는 D를 초등학교 때부터 알았다. D라는 친구는 내가 화를 잘 내지 않는다는 것을 알고 있었다. 그래서 그것을 이용해 C와 둘이서 다니기 시작했다.

주위에 있던 친구들이 그 모습을 보고 내게 다가와 D를 욕하기 시작했다. 친구들은 D가 나에게서 C라는 친구를 빼앗아갔다고 했다. 하지만 그 당시의 나는 C와 D 모두와 잘 지내고 싶은 마음에 아무 말도 하지 못하고 있었다. 시간이 흘러 이 일을 계기로 또 다른 친구들이 내게 다가왔고 나는 C와 D 친구와 멀어지는 대신 또 다른 친구인 E와 더욱 친해지게 됐다.

E와 친하게 지내면서 나는 처음으로 이 친구가 영원한 친구가 될 수도 있겠다는 생각을 했다. 친구들과 친하게 지내면서 한 번도 그런 생각이 든 적이 없었는데 처음으로 이 친구에게는 그런 생각이 들었다. 그러나 내 예상은 빗나갔다.

어느 날, E와 F 친구와 함께 셋이서 학교를 가고 있었다. 나는 가운데 껴서 F가 하는 말을 듣고 있는데 E는 갑자기 화를 내고 먼저 가버렸다. 나는 왜 그러는지 모르고 E를 불러봐도 E는 뒤도 안 돌아보고 갔다. 나는 E가 너무 화난 상태이니 '나중에 시간이 좀 지나면 풀리겠지.' 생각하고 하루를 보냈다. 그리고 하교를 하려는데 E가 다른 친구와 가겠다고 했다. 다음 날도 그다음 날도 E는 다른 친구와 갔고 나는 영문도 모른 채 E와 멀어지게 됐다.

정확한 이유는 모르지만 아마 E는 내가 F의 말에 집중해서 들어주느라 자신의 말을 듣지 못한 것 때문에 화가 난 듯했다. 나는 E에게 편지를 써서 사과를 했다. 그리고 가까운 사이에도 예의를 지켜야 한다는 것을 알게 됐다. 시간이 흘러 나는 또 다른 친구들을 만나게 됐다.

사는 게 행복하지 않은 너에게

어느 날 학교에서 수업을 듣고 있는데 책상 서랍에 편지가 있었다. E가 두고 간 편지였다. 나는 E를 잊고 지냈는데 우리는 같은 학교 다른 반에 있었다. E는 내게 다시 친구가 되자고 제안을 했다. 편지 내용은 내가 그 친구에게 듣고 싶었던 말이지만 타이밍이 맞지 않았다. 나는 우리가 친구가 되기에는 너무 늦었다고 생각했다. 그래서 나는 E의 제안을 받아들이지 않았다.

나를 기다리고 있는 사람들

나는 늘 사람들과 좋은 관계를 만들기 위해 노력했었다. 매일 먼저 사람들에게 연락하고 약속을 잡았다. 모임이 있으면 나가고 사람들과 어울리는 것을 무척 좋아했다. 하지만 어느 순간 나는 너무나도 힘들어졌다. 특히, 삶에 아무 의미가 없다고 느꼈을 때는 사람들도 의미가 없었다. 내가 그렇게도 좋아하는 친구들도 의미가 없어졌다. 그래서 나는 다 놓아버렸다. 그동안 노력했던 것을 더 이상 하지 않았다. 그렇게 나는 혼자만의 시간을 가졌다.

시간이 흘러 어느 날, 나에게 딱 한 친구의 핸드폰 번호가 떠올랐다. 나도 모르게 외우고 있었던 것이다. 나는 그 친구에게 연락을 했다. 친구는 나의 갑작스런 연락에 놀라기도 하고 반가워하기도 했다. 그리고 우리는 만나기로 약속을 했다.

　다음 날, 만나기로 했던 약속 장소에 나가 보니 내가 연락했던 친구 말고 또 다른 친구도 있었다. 연락된 친구를 통해 나를 만난다는 소식을 알게 되고 같이 온 것이었다. 친구들에게 그동안 어떻게 지냈는지 그냥 솔직하게 다 말했다. 친구들은 내 이야기를 무조건적으로 들어줬고 궁금한 점은 물어보기도 했다. 그리고 그날, 버스를 타고 집으로 돌아오는 나는 뭔가 마음이 뭉클해지는 느낌이 들었다.

　사실 나는 다 잃어버린 줄 알았다. 나한테는 아무것도 없는 줄 알았다. 그런데 그 친구들이 있었다. 원래부터 계속 있었는데 내가 잊고 있었던 것이었다. 그 친구들은 내가 무엇을 하고 있든 내 말을 들어줬고 내가 힘들 때는 기다려줬다. 그리고 내가 누구와 있든 믿어줬다. 그렇게 나는 그 친구 2명을 통해 사람들 사이에서 일부러 노력하지 않는 법을 배웠다.

'노력하지 않아도 나는 충분히 사랑받을 수 있는 사람이구나!'
'나는 충분히 관심받을 수 있는 사람이구나!'
'내가 아무것도 하지 않아도 괜찮구나!'

　나는 그 친구 2명에게 정말 고맙다는 생각이 들었다. 나의 연락에 한걸음에 달려와 만나준 친구도 고맙고 그 친구를 통해 내 소식을 듣고 같이

　　　　　　　　사는 게 행복하지 않은 너에게

만나고 싶어 했던 친구에게 감동받았다.

　일부러 노력하지 않아도 이미 내 옆에는 좋은 사람들이 있었다. 나는 좋은 게 좋은 거다 하며 모든 사람과 잘 지내려고 했다. 하지만 내게 정말 필요했던 것은 많은 사람들이 아니었다. 한 명이라도 내가 솔직하게 마음을 터놓을 수 있고 힘이 들 때 기댈 수 있는 사람이었다. 그런 사람은 내가 일부러 노력하지 않아도 충분히 괜찮다고 해주는 사람이었다. 일부러 무엇을 하지 않아도 늘 내 옆에 있어주는 사람이었다. 그런 사람 한 명이 당신 곁에 있다고 생각해보라. 세상을 살아가는 데 아주 큰 힘이 되지 않겠는가! 당신의 주위를 둘러보라. 당신이 잊고 있던 그 한 사람이 어디선가 당신을 묵묵히 기다리고 있을지도 모른다.

착한 사람을 그만두면
삶이 편해진다

당신이 허락하지 않는 한 아무도 당신에게 열등감을 느끼게 할 수 없다.

– 엘리너 루스벨트(미국 전 영부인)

참지만 않고 표현할 줄도 아는 사람

나는 착한 사람이 좋은 것이라고 생각했다. 특히 선생님이 꿈이었던 나는 학생들에게 올바른 것만 가르쳐야 한다는 생각을 하며 자랐다. 그래서 나는 학교에서 배운 대로 교과서에 나와 있는 대로 바르게 행동하려고 했다. 이런 나는 주변 사람들에게 자주 칭찬을 받았고 친구들에게 인기도 많았다. 나는 이런 삶을 사는 내가 참 잘 살고 있는 거라고 생각했다.

사는 게 행복하지 않은 너에게

대학생 때, 동기인 언니와 팀으로 과제를 한 적이 있다. 내가 과제 제출물을 뽑아오기로 했다. 그런데 흑백으로 출력을 해야 하는데 컬러로 잘못 뽑았다. 과제물이 총 10장이었는데 흑백으로 뽑으면 500원이었다. 그런데 컬러로 뽑으니 5,000원이 나왔다.

생각보다 돈이 많이 나와서 깜짝 놀랐다. 나는 그때 아르바이트를 하고 있던 입장이라서 그 돈이 너무 아깝게 느껴졌다. 그리고 언니한테 말을 해야 하나, 아니면 내가 실수했으니 혼자 감당을 해야 하나 고민하고 있었다.

그러다가 언니에게 우선 한번 얘기해보자고 생각했다. '안 되면 할 수 없고'라는 마음으로 언니에게 사실대로 얘기했다. 그랬더니 언니 왜 진작 말하지 않았냐면서 당연히 돈을 주겠다고 했다. 그것도 아주 흔쾌히 말이다. 나는 그때 뭔가 큰 깨달음을 얻었다.

'말해도 되는구나! 솔직하게 표현해도 되는구나! 오히려 말하니까 일이 잘 풀리는구나!'

언니의 그때 그 반응 이후로 나는 아주 조금씩 내 마음을 솔직하게 표현하기로 했다. 처음에는 어려웠지만 자꾸 반복하다 보니 점점 자연스러워졌다. 그러자 내 마음이 점점 더 편안해지는 것을 느꼈다. 전에는 그냥 나만 참으면 된다는 마음으로 지냈었다. 그게 착하게 사는 건 줄 알았다. 그러나 솔직하게 표현을 하니 속에 쌓이는 것이 줄어드는 느낌이었다.

인형극 동아리를 할 때 동아리 선배들은 나를 보고 "너, 우리 사이에서 별명이 뭔지 알아? 하극상이야."라고 말했다. 나는 하극상이 뭔지 몰랐다. 그래서 단어 뜻을 찾아봤다. 하극상이란 아랫사람이 예의나 규칙을 무시하고 윗사람에게 함부로 대하는 것이었다. 나는 단지 선배들과 같이 밥도 먹고 스스럼없이 지냈을 뿐이었는데…. 선배들은 나쁜 뜻으로 말한 것이 아니라 내가 선배들에게 장난도 치고 할 말 다하는 모습을 보며 그렇게 말했던 것이었다.

어느 날 후배들과 조별 과제를 한 적이 있다. 한 후배가 "언니, 그거 알아요? 언니 웃으면서 할 말 다하는 거. 그런데 그게 기분이 나쁘지 않다는 거예요. 어떻게 그럴 수 있죠?" 나는 후배가 한 말을 들으며 '내가 그런가?' 생각했다. 나는 다른 사람과 있을 때 어떤지 잘 몰랐다. 나는 내 모습을 볼 수 없으니까.

선배와 후배의 말을 통해 남들이 보는 나는 웃으면서 할 말 다하는 사람이라는 것을 알게 됐다. 나는 내가 늘 배려만 한다고 생각했는데 그래도 내가 참지만 않고 표현할 줄도 아는 사람이라는 것을 알게 됐다. 내가 너무 착한 사람처럼 보이려고 애쓰지 않고 있다는 것을 선배와 후배의 말을 통해 알게 된 것이다.

하고 싶지 않은 일은 거절할 줄 알기

어느 날, 나는 내가 하루 종일 핸드폰만 보고 있다는 사실을 알게 됐다. 다른 사람이 하는 말에 일일이 답장을 해주고 있던 것이다. 마치 대답을 하지 않으면 내가 나쁜 사람이라도 되는 것처럼. 나는 아주 친절하게 내게 연락 온 사람들에게 답장을 하느라 시간 가는 줄도 몰랐다. 이런 내 모습이 매일 반복되는 것을 깨닫고 나는 핸드폰을 멀리하는 연습을 했다. 핸드폰이 켜져 있으면 자꾸 보게 되므로 우선 집에 오면 무조건 핸드폰을 꺼놨다.

핸드폰을 꺼놨는데도 습관처럼 나는 핸드폰에 손이 저절로 갔다. 그래서 다시 손에 쥔 핸드폰을 내려놨다. 처음에는 불편하게 느껴졌다. 사람들에게 연락이 왔는데 내가 받지 못한 것은 아닐까 걱정이 됐다. 상대방이 내 연락을 기다리고 있진 않을까 생각했다. 그래도 점점 나는 핸드폰을 보는 시간을 줄여나갔다.

우선 핸드폰을 꺼놓자 여러 가지 변화가 생겼다. 우선 시간이 많이 생겼다. 그 시간에 책도 읽고 하고 싶은 것을 하게 됐다. 그리고 다른 사람이 아닌 나에게 관심을 많이 가지게 됐다. 연락이 잘되지 않아서 사람들에게 잔소리를 듣기도 했다. 그래도 내가 계속 핸드폰을 멀리하자 사람들도 나를 원래 핸드폰을 잘 안 보는 사람으로 생각하게 됐다.

이렇게 되자 무엇보다 좋았던 점은 주말에 쉬고 있을 때 직장에서 오는 연락으로 스트레스를 받지 않아도 되는 것이었다. 직장에서 근무할 때 주말에 연락이 오는 경우가 가끔 있었다. 그럴 때 나는 핸드폰을 보지 않았기 때문에 직장에서 연락이 온지 몰랐다. 다만 내가 연락을 확인했을 때는 일이 이미 해결된 뒤였다.

착한 사람을 그만두기 위해 핸드폰을 멀리하면서 삶이 점점 편해졌다. 예전에는 늘 누구에게 연락이 올까 혹은 누구에게 연락이 왔을까 전전긍긍하며 살았다. 그리고 사람들에게 연락을 받고 일일이 답장을 하느라 하루 종일 핸드폰에 신경을 쓰고 있었다. 마치 내가 핸드폰을 모시고 사는 것처럼 살았던 것이다.

그런데 핸드폰을 점점 멀리하자 내가 핸드폰의 주인이 된 것처럼 느껴졌다. 내가 필요할 때 연락하고 필요하지 않을 때는 연락하지 않으면 그뿐이었다. 다른 사람들에게 연락이 와도 내가 못 받을 수도 있고 답장을 하지 못할 때도 있다는 것을 받아들이게 됐다.

예전의 나는 친구들이 부르는 모임에는 무조건 참여하는 사람이었다. 친구들과 함께 있는 시간이 정말 즐거웠다. 그런데 여러 모임 중에는 참석하고 싶지 않은 때도 있었다. 하지만 나는 착한 사람으로 보이고 싶어서 무조건 참여했다. 그러다 나는 또 지치고 말았다.

그러던 어느 날, 친구들이 함께 모여서 같이 친구네 집에 가서 놀자고 했다. 나는 놀고 싶지 않아서 친구들에게 나는 쉬고 싶어서 빠지겠다고 했다. 그러자 친구들이 계속 같이 모이자고 하다가 내가 거절하니 알겠다고 했다. 그리고 나는 집에서 쉬었고 친구들은 친구들끼리 놀았다.

나는 모임에 참석하지 않으면 무슨 큰일이라도 날 것처럼 생각했는데 참석하지 않아도 별일이 일어나지 않았다. 다음 모임 때도 친구들은 내게 같이 놀자고 제안했고 나는 언제든 참석하고 싶으면 참석하고, 참석하고 싶지 않으면 참석하지 않아도 괜찮았다.

진작 이렇게 살 걸…. 나는 내가 거절해도 괜찮다는 것을 친구들을 통해 알게 됐다. 오히려 친구들은 내가 모임에 참석하지 못해서 아쉬워하며 모임에서 있었던 이야기를 들려줬다. 나는 그 이야기를 들으며 친구들이 나를 얼마나 소중히 여기는지 느낄 수 있었다.

나는 어느 순간 사람들에게 좋으면 좋다고, 싫으면 싫다고 얘기를 하고 있었다. 나는 그게 필요하다고 생각한 것이다. 아무도 모르는 속에서 얘기하면 바뀌는 게 없다는 것을 알게 됐다. 대신 말을 하기 전에 여러 번 고민했다. 무작정 생각나는 대로 말하기보다는 여러 번 고민하고 듣는 사람의 기분도 생각해야 했다. 그리고 같은 말이라도 어떤 타이밍에 어떤 방법으로 말해야 하는지가 중요하니까 여러 번 고민하고 정말 이야기해야 할 것만 말했다.

이런 생각으로 살다 보니 나는 어느새 하고 싶은 일은 기꺼이 하고, 하고 싶지 않은 일에는 거절할 줄도 아는 사람이 돼 있었다. 그래서 나는 표현을 아예 하지 않던 사람에서 조금씩 나의 의사를 표현하기 시작했다. 그러자 삶이 내가 표현한 만큼, 아니 그 이상으로 편해지기 시작했다.

나를 이해하면
감정이 보이고 관계가 풀린다

자신에 대한 존경, 자신에 관한 지식, 자신에 대한 절제
이 3가지가 인생에 절대적인 힘을 가져온다.
– 알프레드 테니슨(영국 시인)

내가 그토록 바랐던 것

유치원 실습 때, 나는 5살 반을 맡았다. 어느 날, 한 여자아이가 놀이를 하다가 입술을 다치게 됐다. 그래서 담임 선생님이 약을 발라줬고 아이는 교실 한쪽에 마련된 침대에서 쉬고 있었다. 잠시 후, 다른 아이들과 함께 있던 내게 쉬고 있던 아이가 다가와 말했다. "선생님, 저 쉬니까 이제 괜찮아졌어요." 그 작은 아이의 입에서 어떻게 그런 말이 나올 수 있는지! 나는 그렇게 말한 아이가 아주 어른스럽게 느껴졌다. 나는 유난히도 그 여자아이가 자꾸 눈에 들어왔다.

한 달 간의 실습을 마치고 사후 실습 때 나는 그 아이를 다시 만나게 됐다. 가족 행사를 하는 날이라서 아이는 부모님과 함께 유치원에 왔다. 나는 쉬는 시간에 멀리서 아이들이 행사에 참여하는 모습을 지켜봤다. 여러 아이 중에 나는 그 여자아이를 찾아보게 됐다. 그 여자아이를 보는 순간 나는 초등학교 때 선생님이 내게 했던 말이 떠올랐다.

선생님은 내게 선생님의 어린 시절을 닮았다고 했다. 그 당시 어렸던 나는 선생님의 말이 무엇을 의미하는지 몰랐다. 그저 내가 좋아하는 선생님을 닮았다는 사실이 좋기만 했다. 그런데 내가 선생님이 되어 그 여자아이를 보는 순간 선생님의 말이 갑자기 이해가 되었다. 나는 그 아이에게서 나의 어린 시절을 떠올리고 있었던 것이다. 선생님이 나를 보며 그랬던 것처럼.

나는 아이들을 바라보며 선생님에게 받았던 사랑을 떠올렸다. 선생님도 나를 이렇게 지켜보고 있었겠구나! 나는 선생님이 되어서야 선생님의 마음이 어떤지 확실히 알 수 있었다. 그리고 내가 선생님에게 받았던 사랑만큼 앞으로 만나게 될 아이들에게 사랑을 많이 베풀어야겠다고 다짐했다.

사는 게 행복하지 않은 너에게

초임 교사 시절, 나는 업무에 익숙해지고 아이들을 보느라 정신없이 바쁘게 지냈다. 그러던 어느 날, 차량 지도 선생님이 내가 맡고 있는 아이의 할머님이 항의를 했다고 전해줬다. 내용을 들어보니 아이가 같이 차를 타는 동생 반 아이 때문에 힘들어한다고 조치를 취해달라는 것이었다. 그 이야기를 듣고 바로 학부모님에게 전화를 했다. 이야기를 들으신 학부모님은 그 상황을 이해한다고 괜찮다고 하였다. 그러나 할머님 입장은 그게 아니었나 보다. 할머님의 반복되는 항의로 힘들어하고 있는데 같이 근무하던 동료 교사의 한 마디가 내게 큰 위로가 됐다.

"아, 선생님, 나도 그런 적 있어요."

뭔가 나만 힘들고 나에게만 이런 일들이 일어난 줄 알고 있던 내게 그 말은 큰 힘이 됐다. 나와 똑같은 상황을 겪어본 사람이 있다는 것이 이렇게 위로가 될 줄이야…. 나는 동료 교사의 말에 힘을 얻었고 일도 술술 풀려서 할머님의 항의도 더 이상 받지 않게 됐다.

아무리 주위에서 다른 사람들이 맞는 말을 하고 옳은 말을 해도 귀에 안 들어 올 때가 있다. 상대방의 말이 맞고 그 말이 당연하다는 것을 알면서도 말이다. 그때 나는 알았다. 내가 그토록 바랐던 것은 옳은 말, 맞는 말이 아니라 공감하는 말 한마디였다는 것을….

틀린 게 아니라 다른 것

유럽 여행 때 헝가리 부다페스트를 갔다. 부다페스트는 세계 3대 야경으로 무척 유명한 곳이다. 그래서 그것을 볼 생각에 엄청 기대를 많이 했다. 이곳을 다녀간 사람들이 야경을 보러 또 헝가리에 오고 싶을 정도라고 했다. 그만큼 야경이 멋있다는 글을 많이 봤다. 그래서 저녁에 야경을 보게 됐다.

그런데 이게 웬일인가? 내가 예상했던 것보다 야경이 멋있지 않았다. 멋있긴 멋있는데 내가 기대를 너무해서 그런가? 아니면 앞에 다녀왔던 유럽 국가에서 멋있는 풍경을 너무 많이 봐서 그런가? 그런데 옆에 있던 지인은 너무 멋있다고 하며 넋을 놓고 야경을 감상했다.

나는 그 모습을 보며 나는 왜 내가 생각했던 것보다 야경이 멋지지 않았는지를 생각해봤다. 그랬더니 내가 그날 낮에 하루 종일 많이 걸어서 힘도 많이 들고 지친 상태였다. 그래서 빨리 숙소로 돌아가고 싶은 마음이 있었던 것이다. 그동안 쌓인 피로도 있고….

그러니까 같은 야경을 봐도 사람마다 느끼는 게 다르다는 것을 알게 됐다. 이것은 야경의 문제가 아니었다. 단지 야경을 바라보는 내가 너무 지쳐 있는 상태였을 뿐이었다.

예전에 홍콩 D랜드에도 간 적이 있다. D랜드는 구경할 곳도 많고 놀이기구도 여러 개 있었다. D랜드에 있는 놀이기구들은 정말 신세계였다. 만화 속에서 현실 세계로 튀어나온 것처럼 보였다. 나는 너무너무 신이 나서 놀이기구를 타고 싶었다. 그런데 같이 간 친구는 고소공포증이 있었다. 친구는 놀이기구를 너무 무서워하면서 타고 싶지 않아 했다.

그래도 홍콩까지 와서 놀이기구 하나쯤은 타고 가야 하지 않겠나 싶어서 친구에게 어떻게 하고 싶은지 물어봤다. 친구는 제일 안 무서울 것 같고 재미있어 보이는 것을 하나 타겠다고 했다. 그리고 한 가지 놀이기구를 선택했다. 나는 그 놀이기구를 초등학교 아이들도 타는 모습을 봤다. 나는 친구에게 "초등학교 아이들도 타는 걸 보니 진짜 하나도 안 무섭나 봐. 괜찮겠지?" 하며 친구의 걱정을 덜어주려고 했다.

오래 기다린 끝에 드디어 우리 차례가 됐다. 친구와 나란히 앉아서 놀이기구를 같이 탔다. 친구는 놀이기구에 앉자마자 무섭다며 나를 꼭 잡았다. 위로 올라갔다가 내려갔다가 하는 놀이기구인데 위로 올라갔을 때 내려다보이는 풍경이 정말 멋있었다. 뭔가 동화 속에 있는 기분이 들었고 만화 속 세상에 온 기분이 들었다.

그래서 마음껏 풍경을 보며 즐겁게 누리다가 옆을 봤다. 친구는 나를 꼭 붙잡고 눈도 뜨지 못하고 있었다. 나는 친구에게 눈을 감고 있는 것보다 눈을 뜨고 멀리 보면 괜찮을 거라고 말해줬다. 하지만 그 친구는 눈을 꼭 감은 채 빨리 놀이기구가 끝나기를 바라고만 있었다. 놀이기구가 끝나고 친구는 아주 큰 도전이었다고 했다.

그리고는 친구와 놀이기구 대신 상점을 둘러보며 기념품을 사러 다녔다. 나는 이곳저곳 구경하다가 정말 재미있어 보이는 놀이기구를 발견했다. 친구는 놀이기구는 더 이상 타고 싶지 않다고 했다. 그런데 나는 그 놀이기구를 꼭 타고 싶었다. 그래서 친구가 구경하고 있을 동안 다녀오겠다고 하고 혼자 신나게 놀이기구를 타러 갔다. 많은 사람들 틈에서 나는 혼자 줄을 섰다. 놀이기구를 혼자 타는 것은 처음이었다. 내가 선택한 놀이기구를 타보니 정말 재밌었다. 안 탔으면 후회했을 정도로 정말 즐거운 놀이기구였다.

이렇게 같은 놀이기구에 대한 반응도 나와 내 친구처럼 사람마다 다르다. 그리고 같은 풍경을 봐도 사람마다 느끼는 감정은 다르다. 같은 상황에서도 사람마다 반응이 다르다. 나는 그 사람이 아니기 때문에 그 사람을 완전히 이해하지 못할 수도 있다. 이것은 누가 맞고 누가 틀린 것이 아니다. 단지 사람마다 반응이 다른 것뿐이다.

'틀린 게 아니라 다르다!'

나는 사람들이 이 말을 꼭 기억해줬으면 좋겠다. 이 말은 무엇보다 나를 이해하는 데 도움을 준다. 내가 어떤 상황에서 왜 이런 감정을 느꼈는지도 보이게 한다. 더 나아가 사람들과의 관계에서 서로 이해하는 폭을 넓혀 주는 효과도 있다. 나를 이해하고 사람들과의 관계도 쉽게 풀리게 하는 마법의 문장이다.

3장
—

나를
단단하게 만드는
7가지 감정 도구

나를 사랑하게 만드는 힘
- 자존감

나를 판단하기 전에, 나를 사랑하려 노력해주세요.
- 마이클 잭슨(미국 가수)

외부 상황에 따라 달라졌던 자존감

당신은 자존감이 높은 사람인가? 아니면 자존감이 낮은 사람인가? 나는 이 질문을 스스로에게 던졌을 때 딱 '뭐다.'라고 말할 수 없었다. 왜냐하면 나는 자존감이 높을 때도 있었고 자존감이 낮을 때도 있었기 때문이다. 나는 자존감이 고정적인 것이라기보다는 변동적인 것이라고 생각한다. 그렇기 때문에 지금 자존감이 낮다고 생각해도 높은 자존감을 가질 수 있도록 바꾼다면 바뀔 수 있다고 생각한다. 물론 그 반대의 경우도 마찬가지이다.

　나의 자존감은 여러 변화가 있었다. 학창 시절에 나는 대체적으로 높은 자존감을 유지한 채 살았다. 교사가 되겠다는 생각을 하면서 나 스스로에 대해 정직하게 말하고 행동하려고 했다. 그리고 친구들이나 선생님들 등 주위 사람들과의 관계도 좋았기 때문에 나의 자존감도 높은 편이었다.

　하지만 고등학교 3학년 입시 과정에서의 진로에 대한 고민 때문일까? 아니면 내가 생각하던 대학교 생활의 모습과 진짜 대학교 생활의 모습이 달라서일까? 대학생이 되고 나서는 나 스스로에 대해 자존감이 많이 낮아졌다. 나는 잘하는 게 없는 것 같고 뭔가 삶을 사는 것이 막막하다는 생각이 많이 들었다.

　그렇게 낮은 자존감을 가지며 살고 있다가 어느 순간 이렇게 살면 안 될 것 같다는 생각이 들었다. 그래서 대학생 관련 프로그램을 찾아봤다. 나는 대학생이 참여할 수 있는 국토순례에 참여했다. 그곳에서 만난 여러 사람들과 9박 10일 동안 함께 지내며 우리나라를 횡단했다. 그리고 다양한 사람의 강연도 들었다. 여러 사람을 만나 이야기를 나누면서 내가 갖고 있는 생각들의 폭이 점점 넓어졌다. 그리고 나는 다시 자존감이 점점 높아지고 있었다.

높은 자존감을 가지고 생활하다가 나는 취업 준비를 하게 됐다. 취업 준비를 하는 중에, 취업을 하고 나서 등 여러 가지 일로 내 자존감은 들쑥날쑥했다. 나는 나보다 외부 상황과 다른 사람들을 쳐다봤다. 그리고 그것들에 휘둘려 내 자존감이 들쑥날쑥하고 있다는 것을 알게 됐다. 외부 상황이 좋으면 나의 자존감은 높아졌고 외부 상황이 나쁘면 나의 자존감은 낮아졌다. 어느 순간 내가 외부 상황을 어떻게 할 수 없다는 것을 알고 힘이 들었다. 그리고 이러다가는 내가 평생 행복하지 않을 것을 알게 됐다.

다른 사람 대하듯 나를 대하기

그래서 조금씩 나는 바깥이 아닌 나를 먼저 바라봐줘야겠다고 다짐했다. 처음에는 어떻게 해야 할지 몰랐다. 매일 외부 상황을 지켜보고 다른 사람을 보던 습관이 있어서 하루아침에 시선을 돌려 나를 보는 것이 어렵게 느껴졌다.

그래도 나는 해야만 했다. 언제까지 외부 상황에 끌려다니며 살고만 싶지 않았기 때문이다. 그래서 나는 우선 노트를 꺼냈다. 나는 노트 맨 위에 '나는 다른 사람을 어떻게 대하고 있는가? 다른 사람을 어떻게 대하고 싶은가?'라고 크게 썼다. 그리고 밑에 질문에 대한 답을 써내려갔다.

1. 웃어주기

2. 의견 물어보기

3. 이야기 잘 들어주고 반응해주기

4. 고맙다고 말하기

5. 도와주기

그동안 내가 다른 사람들에게 했던 행동들이 여러 가지 있었다. 다 적은 뒤에 맨 위에 썼던 '다른 사람을'이라는 부분을 지우개로 지우고 '나를'이라고 고쳤다. 그러자 나는 나를 어떻게 대해야 하는지 알 수 있었다.

맨 처음 쓴 '웃어주기'를 해봤다. 혼자 있는 상황에서 웃으려고 하니 어색했다. 생각해보니 나는 다른 사람과 있을 때는 잘 웃는 사람이었다. 그런데 혼자서는 웃어본 적이 없었다. 나는 그래도 억지로라도 미소를 지었다. 계속 해보니 양쪽 볼이 땅겼다. 그래도 왠지 기분이 조금 좋았다. "행복해서 웃는 것이 아니라 웃어서 행복하다."라는 말이 떠올랐다. 나는 매일 조금씩 나를 위해 거울을 보며 웃어주는 것부터 시작했다. 반복해서 하다 보니 나는 웃을 때마다 기분이 좋아졌다. 그리고 무엇보다 스스로에게 잘해주고 싶은 마음이 생겼다.

그리고 나는 두 번째로 쓴 '의견 물어보기'도 스스로에게 적용해봤다.

다른 사람에게만 물어봤던 것들을 나 스스로에게 물어봤다. 나는 내게 많이 물어봐줬다. 무엇을 먹고 싶은지도 물어봤고 어떻게 하고 싶은지도 물어봤다. 이런 질문은 늘 다른 사람에게만 했다. 그런데 이런 질문을 스스로에게 하니 대답이 선뜻 나오지 않았다. 그럴 때는 천천히 생각해도 괜찮다고 스스로에게 말해줬다. 그리고 어떤 대답을 하든 나는 그것을 들어주고자 했다. 하고 싶으면 했고 하기 싫을 때는 하지 않았다. 나는 늘 무엇인가를 해야만 한다고 생각하며 살아왔다. 그러나 이를 적용해보면서 때로는 하기 싫을 때 억지로 하지 않아도 큰일이 일어나지 않는다는 것을 알게 됐다.

나는 노트에 적은 일들을 하나씩 나에게 하는 연습을 매일 했다. 다른 사람에게 하듯이 나를 대하니까 기분이 점점 좋아졌다. '진작 이렇게 할걸.' 하고 생각할 정도였다. 그 뒤로 나는 나와 대화도 많이 했다. 그냥 생각으로만 한 것이 아니라 핸드폰 메모장이나 노트에 쓰면서 했다. 즉 자문자답을 한 것이었다. 기분이 안 좋을 때는 기분이 어떤지 내게 질문했다. 그러면 나는 내게 솔직하게 말할 수 있었다. 누구한테 보여줄 것도 아니고 나만 알 것이었기 때문에 무슨 말을 해도 상관이 없었다. 그렇게 나는 늘 속에만 담아두고 생각으로 힘들어하던 것들을 밖으로 꺼내기 시작했다. 하고 싶을 때 언제 어디서든 말이다.

어느 날, 부모님과 함께 식당에서 밥을 먹고 있었다. 그런데 내가 실수로 국그릇을 쳐서 바지에 국을 쏟고 말았다. 그때 나는 속으로 '괜찮아, 그럴 수도 있지 뭐.'라고 말을 해줬다. 나는 내가 스스로에게 이런 이야기를 하는 것을 보고 많이 놀랐다. 이 말은 내가 다른 사람들에게만 자주 해주던 말로, 내가 나에게 이런 말을 해준 적은 한 번도 없기 때문이었다.

나는 늘 실수할 때마다 '아, 내가 왜 그랬지? 그러지 말았어야 했는데…. 난 왜 이렇게 못났을까?'라고 후회하고 자책하기 바빴다. 그런데 내가 한 실수에 대해 마치 다른 사람에게 말하듯이 스스로 괜찮다고 말해준 것이다.

나는 얼른 물수건으로 바지를 닦았고 밥을 맛있게 먹었다. 나는 늘 남에게만 관대했다. 나에게는 막 대했다. 그러던 내가 스스로와의 대화를 통해 나에게도 관대해지고 있다는 것을 느낄 수 있었다. 그리고 나는 또 다른 실수를 하게 될 때도 스스로에게 괜찮다고 말하고 웃으며 넘길 수 있게 됐다. 또한 다른 사람이 실수하는 모습을 봐도 실수는 누구나 할 수 있다며 가볍게 생각할 수 있게 됐다.

매일 반복하다 보니 나는 무엇보다 마음이 많이 편안해졌다. 전에는 늘 뭔가 불안했다. 이유도 잘 모르고 답답하기만 했다. 그런데 불안할 때마다 스스로에게 물어보니 이런저런 이야기가 나왔다. 뭔가 속에 쌓여만 있던 것들이 조금씩 해방되는 느낌이었다.

　나는 늘 밖에서 사랑을 찾아 헤맸다. 어딘가에 나를 사랑해줄 사람이 있다고 생각했다. 하지만 내가 찾던 사랑은 늘 변했고 있다가도 사라졌다. 그래서 나는 외부의 사랑은 언제든지 변할 수 있다는 것을 알게 됐다. 남이 나를 어떻게 생각할 것인가는 상대방의 자유이다. 이처럼 내가 나를 어떻게 생각할 것인가는 나의 자유이다. 그래서 나는 나를 사랑하기로 했다. 무슨 일이 있어도 내가 무슨 선택을 하든 나는 나만의 편이 되어주기로 했다. 그러자 삶이 편안해졌다. 다른 사람이 나를 사랑하든 안 하든 상관하지 않게 됐다. 왜냐하면 나에게는 든든한 사랑이 내게 있다는 것을 알게 됐기 때문이다.

　내가 이렇게 된 것은 모두 나의 자존감 덕분이다. "흔들리지 않고 피는 꽃이 어디 있으랴."라는 구절처럼 자존감 또한 흔들리면서 점점 갖춰지는 것이 아닐까. 이렇게 갖춰진 자존감으로 자신을 사랑하자. 이 사랑은 당신이 어디에 있든, 무엇을 하든 늘 변함없이 당신을 지켜줄 것이다.

할수록 힘이 나고 행복해지는 습관
- 감사

걱정 없는 인생을 바라지 말고 걱정에 물들지 않는 연습을 하라.

– 알랭(프랑스 철학자)

'감사합니다'의 힘

어느 날, 나는 인터넷에서 한 장의 사진을 봤다. 그 사진에는 여러 가지 물 결정체의 모양이 있었다. 그리고 그 밑에는 '짜증나', '~하지 못해!', '사랑 · 감사' 등 다양한 말이 쓰여 있었다. 바로 물에게 어떤 말을 들려주느냐에 따라 물 결정체가 달라진다는 것이었다. 사진을 보면 기분 나쁜 말을 들었을 때는 물 결정체도 이상했고 보기에도 좋지 않았다. 그리고 좋은 말을 들려줬을 때는 예쁘고 아름답게 보였다. 그중에서도 내 눈에 가장 아름다워 보였던 것은 '사랑·감사'라고 쓰여 있는 물 결정체였다.

우리 몸의 70%가 물로 이뤄져 있다고 했다. 그래서 나는 몸속에 있는 물에 이런 말을 들려주면 아름답게 변할 것이라고 생각했다. 그 뒤로 나는 핸드폰 배경화면에 이 사진을 설정해놨다. 그리고 그 사진을 보며 속으로 '감사·사랑, 감사·사랑'이라고 반복해서 말했다.

그런데 속으로 '감사·사랑'을 말하다가 이런 말을 다른 사람에게도 하면 좋겠다고 생각했다. 그러면 그 말을 들은 사람들의 몸속에 있는 물도 변하지 않을까 생각했다. 그래서 나는 속으로만 했던 것을 다른 사람에게도 표현하기 시작했다. 그래도 '감사·사랑'이라고만 하면 이상하니까 나는 "감사합니다."라고 말해야겠다고 생각했고 이 말을 계속하다 보니 습관이 되었다.

그리고 내가 사람들에게 도움을 많이 받고 있다는 사실을 알게 됐다. 표현하지 않았을 때는 그냥 '그런가 보다.' 하고 넘어갔는데 "감사합니다." 하고 말해 보니 나는 하루에도 감사할 것들이 참 많다는 것을 알게 됐다. 그리고 나는 인식하지 못했는데 다른 사람들에게 많은 도움을 받고 있다는 것을 알게 됐다.

그리고 또 알게 된 사실은 다른 사람들도 나에게 감사하다는 표현을 많이 하고 있다는 것이었다. 카페에서 커피를 마시고 계산을 할 때도 점원은 내게 감사하다고 했다. 유치원에서 학부모님들과 전화를 할 때도 학부모님들은 내게 늘 감사하다고 했다. 나는 "감사합니다."라는 말을 하면서 생활 속에서 감사한 일들을 많이 보게 됐고 다른 사람에게 감사하다는 말도 많이 듣게 됐다.

'감사합니다.' 이 다섯 글자의 말은 참 힘이 나고 하는 사람도 받는 사람도 행복하게 만든다. 그래서 나는 이 말을 정말 좋아한다. 다른 사람에게도 자주 하고 나에게도 자주 한다. 나는 내 몸 속이 보이진 않지만 이 말을 해서 내 몸속의 물 결정체도 아주 예쁘게 변했을 것이라고 생각하고 있다. 처음에 단순히 물의 결정체가 예쁘게 보인다는 이유로 시작했던 말이 내 삶에 아주 큰 영향을 미치고 있는 중이다.

어느 날 나는 어떤 프로그램에서 실험을 하는 것을 봤다. 그 실험은 아나운서에게 2개의 밥이 담긴 병을 주는 것이었다. 그리고 한 병에는 듣기 좋은 말(고맙습니다)을 해주고 다른 한 병에는 듣기 싫은 말(짜증나)을 해주라고 했다. 그리고 한 달 뒤, 그 병에 담긴 밥이 어떻게 변했는지를 살펴보는 것이었다. 한 달 후, 아나운서는 자신이 갖고 있던 병을 꺼내서 보여줬다. 아나운서가 보여준 병에 담긴 밥의 변화는 놀라웠다. 좋은 말을 해준 밥은 하얗게 변해 있었고 고소한 냄새가 난다고 했다. 그리고 나쁜 말을 해준 밥은 검게 변해 있었고 썩은 냄새가 난다고 했다. 어떤 말을 하

사는 게 행복하지 않은 너에게

느냐에 따라 밥이 다르게 변한 것이었다. 이 실험을 보며 나는 앞으로 말을 조심히 해야겠다고 생각했다. 그리고 다른 사람들에게 좋은 말을 많이 해줘야겠다고 다짐했다.

어떤 상황에서든 감사함 찾아보기

어느 날, 나는 〈행복을 찾아서〉라는 영화를 봤다. 아내와 이혼을 하고 혼자 어린 아들을 키우며 사는 주인공의 이야기였다. 주인공은 집도 없어서 아들과 화장실에서 노숙을 하기도 했다. 그렇게 힘들게 살던 주인공이 감사노트를 쓰는 것을 보게 됐다. 감사노트에 매일 감사한 일을 적는 것이었다. 나는 그것이 정말 신기하게 느껴졌다. 그리고 내 삶도 변할 수 있을 것이라고 생각했다.

그래서 나는 영화 속 주인공처럼 감사노트를 쓰기 시작했다. 처음에 나는 특별한 것만 노트에 적었다. 친구를 만나면 맛있는 음식을 먹어서 감사하다고 썼다. 연극을 보면 연극을 봐서 감사하다고 썼다. 여행을 하면 여행을 해서 감사하다고 썼다. 그러다가 약속이 없어서 집에 있던 날은 감사할 게 없다고 생각했다.

그때도 감사한 것을 찾아봤다. 그런데 감사할 것은 있었다. 펜과 노트가 있어서 감사노트를 쓸 수 있다는 사실에 감사했다. 눈이 있어서 감사노트를 볼 수 있어서 감사했다. 그리고 손이 있어서 글자를 쓸 수 있어서 감사했다.

 그러자 나는 내가 보였다. 나는 늘 무엇을 해야만 감사하고 어디를 가야만 감사해하고 있었다. 그런데 나는 무엇을 하지 않아도 어디를 가지 않아도 이미 많은 것을 가지고 있다는 것을 알게 됐다. 나에게는 눈이 있었다. 나에게는 코도 있었다. 나에게는 입이 있었다. 나에게는 손가락이 있었다. 나에게는 발가락이 있었다. 나에게는 머리카락이 있었다. 나에게는 몸통이 있었다. 그러다가 나는 보이지 않지만 내 몸속에 뼈가 있어서 감사했다. 살이 있어서 감사했고 피부가 있어서 감사했다. 자꾸 감사를 반복하다 보니 나는 내 몸속에서 잘 작동하고 있는 장기들과 혈액들이 있어서 감사하다는 생각을 했다.

 나는 늘 외부만 보느라 내 몸에 대해 이렇게 자세히 본 적이 없었다. 그래도 내 몸은 늘 있었다. 그리고 내가 다른 사람들을 만나고 아름다운 풍경을 보고 많은 장소를 가는 데 많은 도움을 주고 있었다. 나는 이미 많은 것들을 가지고 있었다. 그런데도 나는 늘 없다고만 생각했다. 내 몸을 보며 나는 참 많은 것을 가지고 있다는 사실을 깨달았다. 그리고 그것에 감사하다는 생각이 들었다.

사 는 게 행복하지 않은 너에게

나의 감사 습관은 지금도 계속되고 있다. 나는 이 책을 쓰는 데 도움을 주고 있는 노트북에 감사한다. 그리고 노트북 충전을 할 수 있는 충전기에도 감사한다. 그리고 한글에도 감사한다. 그리고 내 손가락에도 감사하며 책을 쓰고 있는 나에게도 감사한다.

주위를 둘러보면 감사할 것들이 참 많다. 그리고 내 몸 하나만 보더라도 감사할 것들이 많다. 다만 우리가 찾지 않았을 뿐이었다. 감사할 것은 늘 있었다. 우리가 찾든 안 찾든 상관하지 않고 감사할 것은 늘 그곳에 묵묵히 있다. 우선 우리 눈에 보이는 것부터 감사해보자. 그리고 나아가 다른 사람들에게 감사를 표현해보자. 생각보다 우리는 가진 것이 많고 감사한 것들이 많다는 것을 알게 될 것이다.

같은 상황에서도 사람들은 다르게 생각한다. 대학생 때 수업을 듣는 교육관에는 '범사에 감사하라'는 판이 걸려 있었다. 그 당시 나는 모든 상황에 감사하라는 것이 있을 수 있는 일인지 의문이 들었다. 모든 일에 감사하라니…. 어떻게 그게 가능하다는 거지? 나는 그 말이 단지 좋은 말일 뿐 실천하는 것은 불가능하다고 생각했다. 좋은 일이 있으면 감사하다는 말은 절로 나왔다. 하지만 안 좋은 상황에서는 어떻게 감사하다는 말이 나오겠는가?

나는 좋은 일이 있을 때만 감사하는 수준이었다. 그러나 안 좋은 상황에서도 감사함을 찾을 수 있을지는 의문이 들었다. 그러다가 나는 엄마의 암 소식을 듣게 됐고 엄마는 3기 대장암 판정을 받았다. 이 상황에서 나는 무슨 감사를 한다는 말인가? 그런데 감사가 점점 습관이 됐던 내게 이 상황에서 나는 감사함을 찾을 수 있다는 것을 알았다. 왜냐하면 나는 엄마가 대장암 말기 판정을 받지 않은 것에 감사하고 있었기 때문이다.

그리고 지금 엄마와 함께하는 시간에 대해 감사해했다. 직장을 다니고 있었다면 엄마와 같이 시간을 보내지 못했을 것이다. 그리고 늘 미안함과 죄책감으로 살았을지도 모른다. 하지만 나는 이 상황 속에서 여러 감사함을 찾을 수 있었다. '이런 상황에서도 감사함을 찾을 수 있구나!' 하나를 찾으니 또 다른 감사가 보였고 안 좋은 상황에서도 감사함을 찾을 수 있다는 말이 무엇인지 그제야 체감할 수 있었다.

어느 상황에 있든 감사함을 찾을 수 있다. 하지만 내가 찾지 않고 계속 나쁜 상황만 생각하고 있었던 것이다. 계속 불평불만만 하다 보면 감사함을 찾을 수는 없다. 내가 불평불만만 한다고 해서 엄마의 병이 나아질까? 당연히 아닐 것이다. 엄마의 병에 대해 어떻게 생각할지는 내 선택이었다. '왜 하필 엄마에게 이런 병이 걸렸나?' 하고 불평불만만 하며 살 수 있다. 하지만 반대로 '엄마가 대장암 말기가 아닌 것에 대해 감사하다.' 하고 감사하며 살 수도 있다.

외부 상황은 변하지 않는다. 다만 내 생각은 내가 어떤 선택을 하느냐에 따라 변할 수 있다. 나는 감사를 선택하기로 했다. 나는 어떤 상황에서든 감사를 찾기로 했다. 내가 시선을 바꾸자 감사할 일이 쏟아졌다. 어쩌면 계속 감사할 일은 있었는지도 모른다. 자신을 발견해주길 바라는 채로. 그런데 내가 불평불만만 하다 보니 감사가 보이지 않았던 것이다.

그런데 감사를 하다 보면 감사할 일이 자꾸 늘어났다. 감사할수록 힘이 나고 행복해졌다. 내 말을 믿지 말라. 대신 당신이 직접 해보길 바란다. 감사는 하면 할수록 늘어난다. 나는 당신이 이것을 그냥 믿는 것이 아니라 직접 체험해보길 바란다. 감사는 당신을 지금보다 더욱 힘이 나고 행복하게 만들어줄 것이다.

세상에서 가장 아름다운 사랑
- 용서

마지막으로 너한테 해주고 싶은 말은,
살아 있을 때 최선을 다해 사랑하라는 것. 너 자신도, 다른 사람도.
– 드라마 〈오 나의 귀신님〉 중에서

일상생활에서의 용서

햄버거 가게에 갔을 때의 일이다. 요즘은 무인 기계로 계산을 하게 되어 있다. 그래서 무인 기계 앞에 줄을 서고 있었다. 무인 기계를 이용하고 있는 사람들은 엄마와 초등학생으로 보이는 딸 둘이었다. 둘째로 보이는 아이는 몸을 움직이다가 바로 뒤에 있던 한 남자분의 발을 밟았다. 그리고 아이는 뒤를 힐끔 한 번 보더니 다시 몸을 움직인다. 엄마는 기계와 씨름하느라 바빴고 아이는 계속 가만히 있질 못했다. 그러나 그 남자 분은

사는 게 행복하지 않은 너에게

괜찮다는 듯이 신발에 묻은 먼지를 툭툭 털어냈다.

이런 상황을 보며 왜 이렇게 엄마들이 아이와 함께 있을 때 큰소리가 나는지 이해가 됐다. 엄마는 아이의 모든 것을 보지 못할 수 있다. 그리고 아이는 실수할 수 있다. 그리고 미안하다고 사과하는 방법을 배우지 못했을 수 있다. 어쩌면 사소하지만 중요하다고 생각하는 예절 "미안하다, 죄송하다."라고 하는 그 한마디가 어떤 사람에게는 별것 아닌 일이 될 수 있다. 그리고 어떤 사람에게는 싸우지 않아도 될 일로 미리 방지하는 것이 될 수 있다.

엄마는 아이에게 한 명씩 물어보며 무엇을 먹을지 물어보고 있었다. 그런데 그 기계가 한 대밖에 없었다. 그래서 시간이 계속 걸리자 줄이 점점 길어졌다. 점원이 그걸 보고 계산을 해주는 시간이 아니었지만 다른 사람들의 계산을 해줬다. 아마 그 엄마도 기계로 하는 게 익숙하지 않아서 늦게 하지 않았을까? 이런 일이 있을 때 나는 다른 사람을 조금 기다려줘야겠다고 생각했다. 아마 그분도 할 수 있다면 빨리 하고 싶었을 것이라고 생각하며 말이다.

나는 이 일을 통해 일상생활에서 아주 사소한 일로 우리는 용서를 하고 용서를 받고 있다는 생각이 들었다. 나는 그동안 꼭 큰 죄를 지어야만 '용서'라는 단어가 어울린다고 생각했다. 하지만 이 경험을 통해 우리는 사소한 일에서도 용서를 하고 있고 용서를 받고 있다는 것을 알게 됐다. 사람들이 실수로 나를 치고 갔을 때 나는 괜찮다고 했다. 나는 그를 용서한 것이다. 내가 실수로 다른 사람의 발을 밟았을 때 상대방은 괜찮다고 했다. 나는 그 사람에게 용서받은 것이다. 이런 일들은 비일비재하다. 단지 우리가 용서라는 말을 붙이지 않았을 뿐 우리는 이미 용서하고 용서 받는 것을 일상생활에서 실천하고 있었다.

내가 가장 용서해야 할 사람

이번 여름휴가로 엄마의 고향인 목포에 다녀왔다. 목포에는 '김대중 노벨 평화상 기념관'이 있다. 노벨 평화상을 받은 김대중 전 대통령의 기념관이었다. 기념관 안에는 그의 생애를 볼 수 있는 영상관도 있었고 그가 생전에 사용했던 물건들, 자동차 등이 전시돼 있었다. 그는 생전에 5번의 죽을 고비를 넘겼다고 했다. 이런 고비를 잘 넘기고 평화를 위해 노력한 김대중 전 대통령이 참 대단하게 느껴졌다.

그의 생애를 살펴보던 중 내게 가장 눈에 띈 것은 '화해와 용서의 지도자'라는 대목이었다. 그는 화해와 용서에 대한 그만의 철학이 있다고 했다. 그래서 그는 자신을 탄압했던 박정희 전 대통령과 전두환 전 대통령을 용서했다. 그리고 자신을 모함했던 사람들도 용서했다. 화해를 위해 대통령 재임 당시에 박정희기념관 건립 재정 지원을 결정하고 전두환 전

사는 게 행복하지 않은 너에게

대통령을 청와대에 자주 초대하여 국정 방향을 논의했다고 한다. 이 사실을 알게 된 나는 그가 참 대단하다고 생각했다. 그는 살아 있을 때 이렇게 말했다고 한다.

"우리가 남을 용서한다는 것은 내가 선하고 의롭기 때문이 아니다. 나도 용서받아야 할 죄인이기 때문이다. 용서는 따지고 보면 남을 위한 것이 아니라 자기를 위한 것이다."

자신이 죄인이라니…. 그리고 용서는 남을 위한 것이 아니라 자기를 위한 것이라니…. 이 말을 보고 나는 나의 모습을 돌아보게 됐다. 나는 늘 누군가를 용서해야 한다고 생각했다. 왜냐하면 상대방이 내게 상처를 줬다고 생각했기 때문이다. 하지만 내가 가장 용서해야 할 사람은 다른 누군가가 아닌 나였다.

나는 과거의 일을 생각하고 또 생각했다. 그러면서 나는 그 누구보다 스스로를 힘들게 했다. 나는 내게 잘못한 상대방을 용서하지 못했다. 그리고 그가 꼭 내게 용서를 빌기를 바랐다. 하지만 그는 내게 용서를 빌지 않았다. 그래서 나는 억울하고 화가 났다. 이렇게 나는 나 스스로를 힘들게 만들었다.

나를 세상에서 가장 힘들게 한 사람은 상처를 줬던 상대방이 아니라 과거를 계속 떠올리며 힘들어하는 나였다. 나는 나를 용서하기로 했다. 스스로를 힘들게 했던 나를 이제 그만 용서해주기로 했다.

내가 나를 용서한 이후로 나는 과거의 일이 더 이상 상처가 아님을 알게 됐다. 그 상처는 어느새 인생의 한 순간일 뿐이었다. 나는 이것을 놓지 못하고 계속 붙잡고 있었다. 이렇게 놓으면 홀가분할 것을…. 나는 나를 용서한 이후로 과거에 받았던 상처들을 잊게 됐다. 이따금씩 생각나기도 했지만 전보다 많이 줄어들었고 억울한 감정도 별로 들지 않았다. 그리고 과거가 아닌 현재를 살기로 했다. 그러자 삶이 정말 많이 가벼워졌다. 용서가 왜 남이 아닌 나를 위한 것인지 알 수 있었다.

어느 날, 친구가 〈굿 윌 헌팅〉이라는 영화를 추천해줘서 봤다. 영화의 주인공은 여러 과목에 재능이 있는 천재 '윌'이다. 윌은 모든 분야에 뛰어나지만 어린 시절 받은 상처로 인해 세상과 사람들에게 마음을 닫은 채 살아가고 있었다. 어느 날, 윌은 심리학 교수인 '숀'을 만나게 된다. 그리고 숀과 자주 만나면서 상처를 치유받기 시작한다. 윌과 숀의 대화 중에 숀이 윌에게 했던 말 한마디가 기억에 남았다. "It's not your fault."(네 잘못이 아니야) 숀은 이 말을 윌에게 반복해서 들려준다.

나는 이 말을 듣고 마치 주인공이 된 것처럼 눈물을 흘렸다. 이 말이 내게 큰 위로가 되었다. 나는 때로 내가 잘못한 것도 아닌 일에 내 잘못이라고 여기며 죄책감을 가지고 있었다. 그런데 이 말은 내가 가지고 있던 죄책감을 씻어주었다. "내 잘못이 아니다." 나는 이 말을 반복하며 앞으로는 미안하지 않아도 될 일에는 미안해하지 않기로 했다. 죄송하지 않아도 될 일에도 죄책감을 가지지 않기로 했다.

우리는 사소한 상처부터 무거운 상처까지 가슴에 새기며 살고 있다. 그 상처들 중에는 용서가 아주 쉬운 것도 있고 용서하고 싶지 않은 것도 있다. 어떤 상처는 그것을 기억하고 싶지도 않다. 그만큼 상처가 크기 때문이다. 하지만 불쑥불쑥 올라오는 기억에 우리는 힘들어한다. '그때 그 일이 일어나지 않았더라면 얼마나 좋았을까?' 하고 생각하기도 한다. 하지만 아무리 훌륭한 사람이라도 과거는 바꿀 수 없다. 이미 받은 상처를 안 받았다고 할 수도 없다. 그럼 어떻게 해야 할까?

이 과거를, 이 상처를 가진 나를 용서해야 한다. 기억하고 싶지 않은 과거, 꺼내고 싶지 않은 상처를 가졌더라도 그래도 괜찮다고, 괜찮지 않아도 괜찮다고 나를 용서해야 한다.

아픈 아이를 돌봐주듯이 상처 받은 나를 용서하고 돌봐줘야 한다. 그러면 당신은 점점 가벼워질 것이다. 더 이상 상처 때문에 앞으로 나가지 못하는 우를 범하지 않을 것이다. 다른 누구도 아닌 당신 스스로를 용서하라. 당신은 그 상처가 아니다. 당신은 그 상처보다 훨씬 더 큰 존재이다. 당신은 과거보다 앞으로가 더 빛날 사람이다. 그러니 당신이 받은 상처와 과거를 용서하고 현재를 당당하게 살아가길 응원한다.

사는 게 행복하지 않은 너에게

시련을 행운으로 바꾸는 마음의 힘
– 회복탄력성

과거가 얼마나 힘들었든, 너는 항상 다시 시작할 수 있다.

– 석가모니(인도 성자)

넘어져도 괜찮다 포기하지만 않는다면

당신은 회복탄력성에 대해 들어본 적이 있는가? 회복탄력성이란 자신에게 닥치는 온갖 역경과 어려움을 오히려 도약의 발판으로 삼는 힘을 말한다. 쉽게 말하자면 역경을 이겨내는 긍정적인 힘을 의미하는 것이다. 당신은 이 회복탄력성이 높은 편인가? 아니면 회복탄력성이 낮은 편인가? 낮은 회복탄력성을 가지고 있다고 하더라도 실망하기엔 이르다. 왜냐하면 회복탄력성은 언제든지 높아질 수 있기 때문이다.

어느 날, 한 친구가 유튜브 영상을 내게 보내줬다. 그 영상에는 팔과 오른쪽 다리가 없는 사람이 넘어졌다가 스스로 몸을 일으키는 모습이 있었다. 그는 바로 '닉 부이치치'라는 사람이었다. 그는 유전질환으로 팔이 없었다. 다리도 짧은 왼쪽 발을 제외하고는 없이 태어났다고 했다. 그런 모습을 한 그는 사람들에게 동기 부여를 해주고 희망을 가지라고 연설을 하고 있었다. 그에 대해 알아보니 그는 결혼도 하고 아이들과 함께 즐거운 시간을 보내고 있었다.

나는 그의 모습에서 무엇보다 밝은 표정이 신기하게 느껴졌다. 어떻게 저런 표정을 지을 수 있을까 궁금했다. 그는 사람들과 어울리는 것을 좋아했고 물속에서 수영도 하고 축구도 했다. 그에게는 불가능이란 없는 것처럼 보였다.

하지만 그가 인터뷰한 내용을 보니 그도 어렸을 때 친구들과 다른 자신의 모습에 절망을 느꼈다고 했다. 살고 싶지 않았다고도 했다. 자신은 늘 혼자였고 학교에 갈 이유도 없었으며 살아갈 이유도 없었다고 했다. 나는 이 말이 믿기지가 않았다. 내가 보는 그의 지금 모습은 너무 행복해 보였기 때문이다. 그렇다면 그는 어떻게 그 절망을 이겨낸 것일까?

그것은 바로 삶의 이유를 찾았기 때문이었다. 그리고 그 이유는 바로 이것이었다.

1. 부모님과 친구들

2. 희망과 용기를 주려는 사명

닉의 부모님은 장애를 가진 닉을 창피해하지 않았다. 대신 무엇이든 혼자 할 수 있는 아이로 자랄 수 있도록 가르쳤다. 그리고 그는 청년이 되어 행복을 전하는 전문 강사가 되기로 했다. 그는 힘들었던 어린 시절을 떠올리며 청소년들에게 희망과 용기를 주는 강사가 되었다. 그는 자신의 몸을 이용해 청소년들에게 강연을 했다.

그는 자신의 몸을 넘어뜨리면서 말했다. 살다 보면 넘어졌을 때 다시 일어날 수 있는 힘이 없다고 느낄 때도 있다고 자신은 넘어져도 100번이라도 다시 일어나려고 시도할 거라고 했다. 만약 100번 모두 실패하고 자신이 일어나는 것을 포기하게 된다면 자신은 영원히 일어나지 못할 것이라고 했다. 그러나 실패해도 다시 시도한다면, 또다시 시도한다면 그것은 끝이 아니라고 했다. 어떻게 끝내는 것인지가 중요한 것이다. 그는 넘어진 채로 강연을 하다가 마지막에는 옆에 있는 책을 이용해 멋지게 일어나는 모습을 보여줬다.

온몸을 던져 강연하는 닉의 모습을 보며 감동받았다. 이처럼 삶을 살아갈 때 넘어지면 언제든 포기하지 않고 다시 일어서면 되겠다고 생각했다.

나는 그의 모습을 보며 어떤 시련이 오든 그가 넘어져도 다시 일어났듯이 나도 꼭 일어나야겠다고 다짐했다.

회복탄력성을 높이는 방법

똑같이 힘든 상황에서도 어떤 사람은 좌절하고 계속 쓰러져 있고 또 다른 사람은 그럼에도 불구하고 다시 일어서서 달린다. 이렇게 쓰러져도 오뚝이처럼 다시 일어나는 사람들을 보면 회복탄력성이 높다고 한다. 그렇다면 이 회복탄력성은 어떻게 높일 수 있는 것일까?

회복탄력성을 높일 수 있는 방법은 바로 어떤 상황에 처하든 긍정적인 면을 찾아보는 것이다. 모든 일에는 긍정적인 면과 부정적인 면이 있다. 그렇기 때문에 부정적인 면보다는 긍정적인 면에 초점을 맞춰서 생각하고 희망을 가지고 나아가야 한다.

나는 엄마의 대장암 소식을 알게 됐을 때 전혀 긍정적인 면을 찾을 수 없다고 생각했다. 그러나 긍정적인 면을 찾아보니 긍정적인 면이 있었다. 대장암 말기가 아니어서 다행이라는 사실이었다. 그리고 엄마와 함께하는 시간을 전보다 더 소중하게 생각하게 됐다. 그리고 엄마와 여행도 함께 다니고 맛있는 음식도 같이 먹으며 지금 이 순간을 소중히 여기게 됐다. 이를 통해 나는 안 좋은 일이라고만 생각하던 일에서도 긍정적인 면을 찾을 수 있다는 것을 발견하게 됐다. 그리고 지금을 조금 더 소중하게 여기게 됐다.

　회복탄력성을 높이는 데 꼭 큰일을 겪어야만 하는 것은 아니다. 작은 일에서도 얼마든지 회복탄력성을 높이는 연습을 할 수 있다. 자신이 지금 고민하고 있는 일을 생각해보자. 그리고 그 일의 긍정적인 면과 부정적인 면이 무엇인지 적어보자. 그리고 긍정적인 면에 초점을 맞추어 생각을 반복하고 실생활에 적용하다 보면 습관이 될 수 있을 것이다. 이러한 작은 습관들이 모여 아주 어려운 일을 겪었을 때에도 당신은 아주 쉽게 긍정적인 면을 찾을 수 있을 것이다. 그리고 이는 시련을 넘어갈 수 있는 힘이 될 수 있다.

　회복탄력성은 언제든지 높아질 수 있다. 주위를 둘러봐라. 그도 했고 그녀도 했는데 왜 당신이라고 못하겠는가? 생각을 바꿔라. 그도 했고 그녀도 했다면 당연히 당신도 할 수 있다. 당신은 당신이 생각하는 것보다 회복탄력성이 훨씬 높은 사람이다. 어떤 시련이 오든 무슨 일을 겪든 당신은 다시 일어설 수 있다. 당신이 맞이한 시련은 사실 시련이 아니다. 당신을 성장시키기 위해 찾아온 행운이다. 행운이 시련이라는 갑옷을 입고 당신에게 온 것이다. 시련이라는 갑옷을 벗겨라. 그리고 그 속에 담긴 행운을 마음껏 누리고 성장하라. 이는 모두 당신의 마음속에 담겨 있다. 당신은 당신이 생각하는 것보다 강하고 당신이 생각하는 것 이상으로 무엇이든 할 수 있는 존재이다.

사는 게 행복하지 않은 너에게

5

나를 바꾸는 자기 혁명
- 독서

닫혀 있기만 한 책은 블록일 뿐이다.

– 토마스 풀러(영국 작가)

내가 책에서 배운 것들

나는 기분이 좋지 않을 때면 책을 읽었다. 고민이 있을 때도 책을 읽었다. 나는 위로받고 싶을 때도 책을 읽었다. 내게 책은 선생님이자 친구이며 상담가였다. 책을 읽을 때는 모든 것을 다 기억할 수 없다. 다만 책 속의 한 구절이 내 마음을 위로해주기도 하고 힘이 되어주기도 했다. 나는 힘이 되는 글, 좋은 글을 읽고 싶어서 책을 읽었다.

나는 시간이 날 때마다 책을 읽었다. 등교할 때 지하철 안에서 책을 읽기도 했다. 공강 시간에도 책을 읽었다. 어떤 날은 내가 나무 밑에 앉아서 책을 읽고 있었다. 그것을 본 후배들이 사진을 찍어 내게 보여준 적도 있다.

우리 동네에는 도서관이 여러 군데 있다. 그래서 나는 도서관에 자주 가서 책을 읽었다. 학교에도 도서관이 있었다. 그래서 나는 공강 시간마다 도서관에 가서 책을 읽기도 했다.

꼭 어떤 책을 읽어야만 한다는 것은 없었다. 다만 제목을 보고 그날 가서 손이 가는 책을 읽었다. 즉, 주로 내가 읽고 싶은 책을 읽었다. 자기 계발이나 심리학책을 주로 읽었다. 자기 계발 책에 나온 이야기들에는 나보다 더 힘겹게 사는 사람들의 이야기가 나왔다. 가난한 집안에서 자라 끊임없이 도전을 해 성공한 사람들의 이야기가 정말 대단하게 느껴졌다. 그리고 나도 할 수 있다는 자신감을 얻었다. 또 다른 심리학책에서는 나만의 고민이라고 생각했던 것들이 책에도 나왔다. 여러 사람이 다양한 고민 속에서 살고 있다는 것을 알게 됐다. 모두 겉으로 보기에는 아무 문제없어 보이고 행복해 보이기만 했다. 나는 나만 불행한 줄 알았다. 그러나 아니었다. 그들은 모두 다른 이름을 가지고 있었지만 누구보다 친근하게 느

사는 게 행복하지 않은 너에게

껴졌다. 나는 그들의 이야기 속에서 나를 봤다.

'내가 이런 일을 겪는다면 어떨까?'
'나도 그랬는데 이 사람도 그랬구나.'
'나만 그런 게 아니었구나.'

책은 내게 다양한 사람을 만나볼 수 있는 기회를 제공했다. 책은 현재 뿐만 아니라 과거에 살았던 사람들을 만나게 했다. 나는 늘 책을 읽으며 사람들의 마음가짐과 삶의 방식을 배웠고 이를 내 삶에 적용해보고자 했다.

책은 내게 웃음도 주고 교훈도 줬다. 어떤 때는 슬픔에 눈물을 흘리게도 했다. 그리고 내가 늘 궁금했던 것에 대한 해결책을 제시해줬다.

할아버지가 돌아가셔서 슬펐을 때 나는『인생수업』이라는 책을 읽게 됐다. 그 책은 엘리자베스 퀴블러 로스와 그의 제자 데이비드 케슬러가 지은 책이다. 엘리자베스 퀴블러 로스는 20세기 최고의 정신의학자이자 호스피스 운동의 선구자다. 그녀는 제자인 데이비드 케슬러와 함께 죽음을 앞둔 사람들을 인터뷰했다. 그리고 이를 바탕으로 인생을 살아가면서 배워야 할 것을 정리한 책이 바로『인생수업』이다.

이 책에는 이런 구절이 있다. "그들은 말한다. 지금 이 순간을 살라고. 삶이 우리에게 사랑하고, 일하고, 놀이를 하고, 별들을 바라볼 기회를 주었으니까.", "생의 마지막 순간에 간절히 원하게 될 것, 그것을 지금 하라!"

나는 이 책을 보며 생의 마지막 순간에 나는 무엇을 간절히 원할 것인가 생각해봤다. 매일 언젠가는 해야겠다고만 미뤄뒀던 것들이 떠올랐다. 내가 그동안 했던 것들보다 하지 않은 것들이 떠올랐다. 그래서 나는 그동안 하지 못하고 미뤄두기만 했던 것들을 하기로 했다. 바다를 보고 싶으면 바다를 보러 갔다. 고마운 사람들에게 고맙다고 말하기 시작했다. 전보다 하늘을 더욱 자주 보게 됐다. 조금씩 나는 내가 하고 싶었던 것들을 행동하기 시작했다. 그러자 나는 점점 슬픔에서 벗어나 새로운 사람들을 만나고 웃음 짓는 하루하루를 보내게 됐다.

소설책은 거의 읽지 않던 나는 주위 사람들의 추천으로 『사라』라는 소설책을 읽게 됐다. 한 소녀가 올빼미를 만나 삶의 지혜와 교훈을 배우는 내용이었다. 사라는 이 책의 주인공 이름이었다. 책 내용 중 사라는 동네에서 지나가는 할머니를 보며 기분이 안 좋다고 했다. 왜냐하면 할머니를 보면 금방이라도 쓰러질 것 같아서 불쌍하다는 생각을 하고 자신도 늙으면 할머니처럼 될까 봐 무서웠기 때문이다. 그러자 올빼미인 솔로몬은 사라에게 여러 가지 질문을 통해 다른 방법으로 생각해보는 기회를 제공한다. 솔로몬은 할머니를 보며 늙었지만 강한 분이고 독립적인 생활을 좋아한다고 했다. 그리고 할머니는 오래 살았기 때문에 아주 재미있는 일들을 많이 알고 있을 것이라고도 했다. 솔로몬은 할머니에 관한 장점을 말하며 같은 대상을 보면서도 다양한 상황을 찾아낼 수 있다는 것을 알려줬다.

나는 이 내용을 보며 나도 한 사람을 보며 다양하게 생각할 수도 있다는 것을 알게 됐다. 모든 사람에게는 장점과 단점이 있다. 상대방을 볼 때 나는 단점 하나를 발견하게 되면 모든 좋은 점은 없는 것처럼 생각했다. 이 단점 하나가 모든 장점을 가려버리는 것이었다.

나는 사람들을 다양하게 볼 수 있음을 인식하고 장점을 보기로 했다. 그러자 그 사람의 좋은 점이 계속 보였다. 단점만 봤을 때는 단점만 보이던 사람이 한순간에 장점만 보이는 사람으로 변한 것이었다. '말도 안 돼!' 나는 이렇게 보는 나에 대해 놀랐다. 그런데 그 사람은 변한 것이 없었다. 단지 그 사람을 보는 나의 시선만 바뀌었을 뿐이었다. 그러자 그 사람에게도 장점이 있다는 것을 인정하게 됐다. 이는 사람뿐만 아니라 상황 등 다른 것에도 해당되는 것이었다.

독서란 나를 바꾸는 혁명

내 관점을 바꿔준, 감명 깊게 읽은 책 중에 하나는 『자기사랑』이다. '자신을 사랑하라니!' 이 책은 매번 남을 먼저 사랑하라고 말하는 책만 봤던 내게 아주 큰 충격을 줬던 책이다. 나는 이 책을 읽으며 스스로에게 사랑한다는 말을 처음 해봤다. 늘 다른 사람에게만 했고 다른 사람에게만 들었던 말이었다. 그런데 스스로에게 사랑한다고 말하다니 처음에는 어색했다. 그런데 기분이 좋았다. 그리고 언제든지 말하고 싶을 때 말할 수 있었다.

나는 스스로 사랑한다고 말하는 것을 연습하기 시작했다. 그러자 조금씩 자연스러워졌다. 내가 나를 사랑하니 다른 사람들이 나를 사랑하든 말든 상관없었다. 그것은 그 사람의 자유이기 때문이다.

나는 늘 다른 사람들에게 사랑받고 싶었다. 그래서 늘 다른 사람에게 잘 보이려고 애를 썼다. 그런데 내가 나에게 사랑한다고 하기 시작하자 다른 사람에게 잘 보이는 것은 아무 소용이 없다는 것을 알게 됐다. 나는 지금도 나에게 나를 사랑한다고 말하고 있다.

그리고 이 책을 통해 나는 내가 느끼는 감정에 대해 늘 밀어내려고만 했던 것을 알게 됐다. 나쁜 감정을 느끼고 싶지 않아 하는 나를 봤다. 그런데 이 책에 나와 있던 대로 나는 감정에 "예스."라고 말해봤다. 그러자 나쁜 감정도 단지 감정일 뿐이라는 것을 알게 됐다. 나는 이 책을 통해 삶을 새롭게 바라보는 기회를 가질 수 있었다.

사는 게 행복하지 않은 너에게

책은 내게 많은 것을 줬다. 슬플 때는 위로를 해줬고 힘이 되어줬다. 때로는 내 생각의 관점을 변화시켜줬고 삶을 살아가게 도와줬다. 내게 독서란 나를 바꾸는 혁명이었다. 나는 책을 읽게 해준 작가들에게 정말 감사하다. 얼굴을 알든 모르든 그들은 나의 스승이었다. 그들을 통해 나는 나의 생각을 바꾸고 행동을 바꾸고 삶을 바꿨다. 그들이 있었기에 나도 작가가 되겠다는 꿈을 꿀 수 있었고 이렇게 꿈을 현실로 만들 수 있었다. 그러니 당신에게 독서를 권유한다. 거창하게 시작할 필요가 없다. 단지 자신의 마음이 이끄는 제목을 가진 책부터 읽기 시작하면 된다. 그러면 어느 새 당신은 자신도 모르게 변화하기 시작할 것이다.

나를 치유하고 단단하게 만드는 시간
– 글쓰기

펜은 마음의 혀다.
– 세르반테스(스페인 소설가)

글쓰기로 얻은 것들

나는 어렸을 때부터 일기 쓰는 것을 좋아했다. 왜냐하면 일기를 쓸 때마다 선생님이 코멘트를 달아줬기 때문이다. 선생님에게 다가가는 것을 쑥스러워하던 내게 일기는 선생님과 나의 소통 창구였다. 선생님은 내가 쓰는 일기마다 일일이 코멘트를 달아줬다. 내가 5개를 쓰면 선생님은 5개의 코멘트를 달아줬다. 7개를 쓰면 7개의 코멘트를 달아줬다. 그래서 나는 더욱 열심히 일기를 쓰게 됐다.

선생님의 코멘트 중에 내 글씨가 너무 지저분하다는 것도 있었다. 그래서 나는 그 말에 충격을 받았다. '나는 열심히 썼는데 글씨가 지저분하다니….' 그래서 나는 글씨를 예쁘게 쓰고 싶었다. 나는 우선 교과서를 펼쳤다. 그리고 교과서에 나와 있는 글자를 봤다. 글자가 매우 깔끔하게 쓰여 있었다. 나는 이 교과서에 나와 있는 글씨를 따라 쓰기 시작했다.

처음에는 어려웠다. 모든 글자를 쓸 때마다 글자를 예쁘게 쓰려고 연필을 꽉 잡고 온 신경을 집중해서 썼다. 전에는 일기 한 편을 쓰는데 10분이면 됐는데 글씨를 신경 써서 쓰다 보니 한 시간이 걸리기도 했다. 그리고 손가락과 어깨가 아프기도 했다. 글자를 잘 써야 한다는 압박감에 너무 힘을 많이 줬기 때문이다. 이렇게까지 해야 하나 싶었지만 나는 좋아하는 선생님에게 글씨가 지저분하다는 소리를 듣는 게 너무 싫었다. 그래서 나는 글씨를 계속 연습했다. 그러자 나는 점점 글씨가 예뻐졌고 다른 사람들에게 글씨를 잘 쓴다는 칭찬도 받게 됐다. 이런 칭찬을 받게 되자 나는 글 쓰는 것을 더욱 좋아하게 됐다.

어느 날 나는 친구에게 한 통의 편지를 받았다. 같은 반이었던 친구가 서로 다른 반이 되어서 심심하다는 내용이었다. 나는 친구에게 다른 반이어도 친하게 지내자는 답장을 보냈다. 그러자 친구가 다시 답장을 보내줬고 거의 1년 동안 친구와 나는 편지를 주고받았다. 나는 친구들에게 편지를 써서 주고받는 것을 좋아했다. 말로는 못 했던 말들을 편지에는 진심을 담아서 할 수 있었다. 직접 하기에는 쑥스러운 말도 편지에서는 조심스럽게 담아낼 수 있었다.

실습 때의 일이다. 교생으로서 아이들 앞에서 수업을 하고 놀이도 하며 지내고 있었다. 한 아이가 내게 쑥스럽게 다가와 색종이 하나를 주고 갔다. 나는 그 색종이를 펼쳐 보았다. 그 색종이에는 그림과 함께 이렇게 쓰여 있었다.

"선생님 사랑해요. 선생님 예뻐요. 선생님의 동극(동화를 연극으로 표현한 것) 재미있어요."

나는 아이가 준 색종이를 소중하게 간직하고 있다. 쑥스러워하던 아이를 보며 나는 어린 시절의 나를 보는 것 같았다. 나도 쑥스러움이 많아서 선생님이나 친구들에게 편지를 많이 줬기 때문이다. 그리고 아이에게 정말 고마웠다. 그것을 주기 위해 얼마나 망설였을지 이해가 된다.

유치원 선생님이 되어서는 아이들에게 정말 많은 편지를 받았다. 아직 글자를 잘 모르는 아이들도 많았지만 아이들의 짧은 글에 담긴 사랑이 느껴졌다. 그리고 그 편지들은 계속 간직할 수 있어서 시간이 지나서 꺼내 보곤 했다. 이렇게 나는 아이들에게 편지를 받기도 하고 편지를 쓰기도 하면서 글쓰기 실력이 점점 늘어갔다.

　나는 메모하는 것도 좋아했다. 시장에 장을 보러 가거나 기억해야 할 것이 있을 때 머리로 기억하면 금방 잊어버렸다. 대신 수첩에 적어 놓으면 굳이 애써서 기억하지 않아도 괜찮았다. 그래서 나는 이것저것 메모를 하기 시작했다. 그러자 수첩의 수도 점점 늘어났다. 수첩 한 개를 사면 거기에 해야 할 일을 쓰기도 하고 일기도 썼다. 그냥 생각나는 것들을 끄적거리기도 했다. 지나고 보면 그동안 열심히 공부한 흔적도 볼 수 있었다. 과거에 내가 어떤 생각을 했는지도 알 수 있었다. 지금은 잊어버렸던 추억들도 썼던 글을 보며 생각나기도 했다.

　나는 여러 곳을 여행 다니며 느낀 점도 많았다. 그런 것들은 그때 기록하지 않으면 금방 잊어버렸다. 그래서 나는 내 핸드폰에도 메모하는 것을 좋아한다. 지금도 어디를 가거나 무엇을 봤을 때 느낀 것이나 생각나는 것들을 핸드폰 메모장에 메모하기도 한다. 그리고 나중에 모아서 보면 '내가 그때 이런 생각을 했구나' 하며 스스로 놀라기도 한다.

무엇을 쓰든 아무 말 없이 다 받아주는 종이

　글쓰기는 나에게 많은 것을 줬다. 『안네의 일기』에 나오는 "종이는 사람들보다 참을성이 강하다."라는 말처럼 내가 힘들 때 종이는 아무 말도 없이 내 이야기를 들어줬다. 내가 욕을 써도 괜찮았고 내가 누군가를 좋아해도 괜찮았다. 슬플 때도 내 말을 묵묵히 들어줬고 기쁜 일이 있을 때도 언제든지 그곳에 있었다. 내게 아무것도 없다고 느껴졌을 때도 나는 글을 썼다. 종이는 내가 무슨 말을 하든 무슨 글을 쓰든 어떤 감정을 느끼든 아무 상관하지 않았다. 늘 다 받아줬다. 그래서 나는 글을 쓰면 점점 힘을 얻었다.

내가 쓴 글에 내가 위로를 받은 적도 있었다. 내가 화가 나서 쓴 글에 어느새 화가 스르륵 풀리기도 했다. 그리고 어떤 때는 마음에 안 들어서 종이를 찢어버리기도 했다. 그래도 괜찮았다. 글을 어떻게 쓰든 아무도 평가할 사람이 없었다. 나는 내가 쓰고 싶은 글을 썼다. 아무도 없다면 하고 싶은 말을 스스럼없이 썼다. 그래도 괜찮았다. 나는 후련했고 홀가분했다. 그리고 나에게 있던 나쁜 감정이 다 사라지는 것 같았다. 나는 고마웠다. 글쓰기는 나를 치유하고 단단하게 만들었다.

나는 글을 쓰며 내 속에 복잡하게만 퍼져 있던 생각을 한곳으로 모으고 있었다. 글을 쓰면 생각이 정리가 되는 느낌이었다. 어떻게 써야 한다는 생각 없이 쓰고 싶은 대로 썼다. 때로는 화나는 심정을 쓰기도 했고 때로는 무기력하고 힘든 감정을 쓰기도 했다. 좋았던 일도 떠올리며 글을 쓰기도 했다.

지금은 보지 못하지만 보고 싶었던 할아버지에게 편지로 그동안 하고

사는 게 행복하지 않은 너에게

싶었던 말을 쓰기도 했다. 할아버지가 내게 마지막으로 했던 말은 "보고 싶었다."였다. 할아버지가 내게 마지막으로 했던 말이어서 할아버지에게 죄송한 마음이 많았다. 많이 찾아뵙지 못해서 미안했다. 하지만 할아버지는 나를 늘 보고 싶어 했다. 그래서 나는 할아버지가 돌아가시고 나서 할아버지에게 편지를 썼다. 그리고 나는 그 편지가 할아버지에게 전달되기를 바라며 태워버렸다.

편지를 쓰고 난 후, 나는 할아버지에게 미안한 감정을 덜 수 있었다. 진짜 이 편지가 할아버지에게 전달됐는지 안 됐는지는 상관없었다. 그냥 전달됐을 것이라고 믿었기 때문이다. 그리고 나는 죄책감에서 벗어났다. 할아버지도 내가 할아버지에 대해 죄송한 마음으로 살아가기를 바라진 않으실 테니까….

마음이 복잡할 때나 혼란스러울 때, 나는 하얀 종이를 펼친다. 그리고 그곳에 아무 말이나 쓰기 시작한다. 그렇게 글을 쓰다 보면 나는 내 마음을 솔직하게 풀어내고 있다는 것을 알게 된다. 그리고 점점 복잡함과 혼란스러움이 훌훌 떠나가고 편안함과 명확함으로 바뀐다. 그렇게 종이는 내가 무슨 말을 하든 다 받아주는 존재이다. 그리고 글을 통해 나는 사람들과 사랑을 주고받았다. 글은 내게 떼려야 뗄 수 없는 것이었다.

글을 쓸 수 있어서 참 행복했다. 사람들의 진심을 알 수 있었고 내 마음도 전달할 수 있었다. 때로는 말로 표현하지 못하는 것들을 글을 통해 표현할 수 있었다. 나는 글을 쓰며 나의 아픔을 치유했다. 그리고 글쓰기는 나를 점점 더 단단하게 만들어줬다. 당신도 나처럼 글쓰기를 통해 치유되고 자신을 더욱 단단하게 만들기를 바란다. 글쓰기는 거창한 것이 아니다. 단지 하얀 종이를 꺼내 자신이 쓰고 싶은 것부터 쓰기 시작하라. 종이는 당신이 어떤 글을 쓰든 아무 말 없이 다 받아줄 것이다.

사는 게 행복하지 않은 너에게

행복을 끌어당기는 힘
- 시각화

당신은 바로 자기 자신의 창조자이다.

– 데일 카네기(미국 작가)

어떤 생각을 하느냐에 따라 미래가 펼쳐진다

내게는 버킷리스트가 있다. 내가 먹고 싶은 것들, 하고 싶은 것들, 만나고 싶은 사람들을 적어놨다. 나는 그것들을 보며 내가 먹고 싶은 음식을 먹는 모습을 떠올렸다. 하고 싶은 것들을 하는 모습도 상상했다. 그리고 만나고 싶은 사람들도 만나는 모습도 생각했다.

내가 만나고 싶은 사람들 중에는 혜민 스님과 가수 장윤정이 있었다.

혜민 스님은 『멈추면 비로소 보이는 것들』을 감명 깊게 읽어서 만나보고 싶었고 장윤정은 노래 부르는 모습이 멋지고 당당한 모습에 한 번쯤 직접 보고 싶다는 생각을 했다. 그리고 '언젠가는 기회가 되면 만나겠지.'라고 생각하고 있었다.

그러던 어느 날, 나는 인터넷서핑을 하다가 혜민 스님이 북콘서트를 하게 된다는 것을 알게 됐다. 마침 시간도 괜찮은 때라 나는 북콘서트를 신청하게 됐다. 그런데 마침 맨 앞자리에 자리 하나가 남아 있었다. 그래서 나는 혼자 혜민 스님의 북콘서트에 참여하게 됐다. 그리고 그동안 만나고 싶었던 혜민 스님을 만나게 됐다. 맨 앞자리에서 강연을 듣고 끝나고 남아서 혜민 스님에게 사인도 받고 사진도 찍었다. 나는 그날 집으로 돌아오며 내가 예전에 혜민 스님을 만나고 싶다는 것을 버킷리스트에 썼다는 것이 기억이 났다. 그리고 혜민 스님을 만났다는 사실과 꿈이 이뤄졌다는 사실에 흐뭇했다.

그즈음 어버이날이 다가오고 있었다. 어버이날 선물로 뭐 해드릴지를 고민하고 있던 중 '장윤정 디너쇼'가 어버이날 선물로 좋다는 이야기를 들었다. 그래서 부모님에게 장윤정 디너쇼 티켓을 선물하기로 했다. 찾아보니 마침 맨 앞 테이블 좌석이 비어 있었다. 그래서 얼른 두 좌석을 예매했다. 부모님이 기뻐할 생각에 나도 무척 만족했다. 그런데 장윤정 디너쇼를 가기로 한 날, 아빠가 시골에 일이 있어서 내려가야 했다. 그래서 결국 나와 엄마 둘이서 장윤정 디너쇼에 참석하게 됐다. 맨 앞 테이블에 앉아 나는 장윤정 디너쇼를 보게 됐다. 만나고 싶었던 사람 중 한 명인 장윤정을 만나게 되어 정말 기분이 좋았다. 부모님에게 효도 선물로 드린 것이었는데 예상치 못하게 내가 참석하게 되어 신기하기도 했다. 그래도 엄마와 좋은 시간을 보냈고 맨 앞 좌석에서 팬분들과 함께 즐겁게 디너쇼를 관람했다.

나는 장윤정 디너쇼를 관람하고 나서야 내가 예전에 버킷리스트에 장윤정을 만나고 싶어 했다는 것을 알게 됐다. 잊어버리고 있었지만 무의식 속에서는 기억하고 있었나 보다. 그래서 정말 만나고 싶은 사람들을 만나게 돼서 신기하다는 생각이 들었고 이런 일들이 반복되자 내가 어떤 상상을 하느냐에 따라 미래가 펼쳐진다는 것을 조금씩 알게 됐다.

어느 날, 나는 한 권의 책을 보고 그곳에 나와 있는 실험을 하게 됐다. 세상은 내가 보고 싶은 대로 보인다는 것이었다. 책에서는 베이지색 자동차를 찾아보라고 했다. 나는 책에 나온 베이지색 자동차가 아니라 연예인을 보고 싶다고 생각했다. 특정 연예인을 정해놓진 않았다. 다만 연예인을 보면 재밌겠다고 생각했다.

그리고 다음 날, 엄마가 파주에 놀러가고 싶다고 했다. 그래서 엄마와 나는 아침에 갑자기 파주에 가게 됐다. 지혜의 숲, 헤이리 마을 등 여러 곳을 신나게 구경했다. 그리고 길을 걸어가고 있는데 저 멀리 하늘색 트럭이 서 있었다. 그리고 사람들이 많이 모여 있었다.

평일이라서 거리에는 사람들이 별로 없었는데 그쪽에만 사람들이 많이 모여 있었다. 무슨 행사를 하는가 보다고 생각했다. 그리고 엄마와 그 길로 지나가게 됐다. 길을 지나가다가 별 생각 없이 왼쪽을 봤다. 그런데 나는 누군가와 눈이 마주쳤다. 그 사람은 바로, 가수 겸 배우 '윤계상'이었다. 나는 너무 놀라서 얼른 시선을 피해 오른쪽을 봤다. 그러자 배우 우현, 김태훈, 김선영 등이 앉아 있었다. 나는 속으로 '뭐지? 뭐지?' 하며 아무렇지 않게 가던 길을 걸어갔다. 그리고 길 끝에 다다라서 다시 뒤를 돌아봤다.

알고 보니 영화 〈말모이〉 촬영 중이었다. 쉬는 시간이라 그런지 배우와 스텝들이 트럭에서 음료수를 받아 마시며 앉아서 쉬고 있었던 것이었다. 나는 연예인들에게 사진을 찍거나 사인을 받아야 하나 생각했지만 쉬고 있는데 민폐가 될까 하여 그냥 지나갔다. 그리고 정말 신기하다는 생각이 들었다. 내가 연예인을 보게 해달라고 장난 겸 재미로 생각한 건데 진짜 보게 될 줄은 몰랐던 것이었다. 이 실험은 정말 내게 놀랍고도 잊지 못할 추억이 됐다.

사는 게 행복하지 않은 너에게

얼마 전, 영화관에서 〈알라딘〉이라는 영화를 보게 됐다. 그곳에서는 소원을 들어주는 램프 요정 '지니'가 있었다. 그가 램프 주인의 소원을 들어주는 모습을 보며 소원은 애매하게 말고 구체적으로 소원을 빌어야겠다고 생각했다. 보통 "뭐 먹고 싶어?"라고 물어보면 "아무거나."라고 대답하는 경우가 있다. 많고 많은 음식 중에 아무거나라니…. 그런데 이 말이 습관적으로 나오기도 했다. 그래서 나는 뭔가를 먹고 싶을 때 구체적으로 말하는 연습을 하기 시작했다. 그러자 떡볶이를 먹고 싶으면 떡볶이를 먹게 됐고 치킨을 먹고 싶으면 치킨을 먹게 됐다. 나는 점점 시각화에 눈을 뜨기 시작했다.

무엇을 상상하든 현실이 될 수 있다면

어느 날, 나는 인터넷을 하다가 어느 글귀를 보게 됐다.

"소원을 들어주는 건 바로 자기 자신"

나는 이 글귀를 보고 갑자기 소름이 돋았다. 나는 무교이지만 늘 어딘가에 신이 있다고 생각했기 때문이다. 하느님이든 부처님이든 사람들이 소원을 빌 때 누군가를 찾는 것처럼 나도 막연하게 신이 있어서 내가 소원을 빌면 들어줄 것이라고 생각했다. 이런 생각을 하고 있던 내게 이 구절은 신이 있다면 그것은 바로 나 자'신'이라고 알려주는 것 같았다.

생각해보니 정말 어떤 소원을 빌 때 소원을 듣고 있는 것은 바로 다른 누구도 아닌 '나'였다. 내가 무엇을 먹고 싶은지, 무엇을 하고 싶은지는 다른 누군가가 아니라 내가 잘 알고 있었다. 그리고 그것을 듣고 행동으로 옮기는 것도 남이 아닌 나였다. 그 뒤로 나는 내가 무엇을 원하는지 잘 듣고 그것을 해주게 됐다. 그러자 내 삶이 점점 행복해졌다.

나는 '시각화'라는 말을 잘 몰랐다. 하지만 나는 그 용어에 대해 몰랐을 뿐 알게 모르게 시각화를 하고 있었다. 나는 어렸을 때부터 선생님이 되고 싶었다. 그래서 미래의 내가 아이들을 가르치고 있는 모습을 늘 상상했다. 그리고 그러기 위한 준비를 했다. 미래에 내가 바라던 모습이 되기 위해 해야 할 일을 한 것이다. 그리고 나는 내가 바라던 대로 선생님이 됐다. 그리고 나는 TV에서만 보던 연예인들 중 몇 명을 만나보고 싶었다. 그러다가 여러 축제와 콘서트 등에 참여하였고 그들을 볼 수 있었다. 그리고 여행을 하고 싶을 때는 여행하는 상상을 했다. 그리고 여행할 기회가 왔고 상상을 현실로 만들 수 있었다.

이처럼 나는 잘 인식하지 못했지만 시각화를 하고 있었다. 그리고 지금도 여전히 이루고 싶은 것들이 많이 있다. 나는 지금까지 알게 된 것들을 바탕으로 시각화를 꾸준히 해볼 것이다. 시각화는 내게 신기하기도 하고

사는 게 행복하지 않은 너에게

기쁨을 느끼게 해줬다. 그리고 원하는 것들을 하나씩 이루게 만들어줬다.

시각화는 내게 행복을 끌어당기는 힘이다. 당신은 어떤 미래를 꿈꾸고 있는가? 시각화는 당신의 상상을 통해 만들어진다. 무엇을 상상하든 현실이 될 수 있다면 당신은 어떤 상상을 할 것인가? 당신의 꿈이 무엇이든 실현될 것이라 스스로 믿고 나아가라. 당신의 소원을 들어주는 건 그 누구도 아닌 자기 '자신'이다!

4장

관계와 감정이
편해지는
8가지 기술

자신의 자리를
지나치게 낮게 두지 마라

스스로를 존경하면 다른 사람도 그대를 존경할 것이다.

– 공자(중국 사상가)

받는 것보다 주는 것을 좋아하던 나

나는 사람들이 많이 모이는 곳에 가면 뭔가 나도 모르게 움츠러들었다. 그리고 사람들 눈에 띄고 싶지 않아 했다. 어떤 때는 어딘가로 숨고만 싶은 때도 있었다. 나는 사람들의 관심이 너무 부담스럽게만 느껴졌다.

예전에 나는 하느님이 정말 있을지 궁금한 적이 있다. 만약 하느님이 있다면 나도 한 번 하느님을 믿어보고 싶다고 생각했다. 그래서 교회에 열심히 다니고 있던 친구에게 내 생각을 말했다. 친구는 내게 자신이 다니는 교회에 같이 가보자고 했다. 그래서 나는 친구가 다니고 있던 동네에 있는 교회에 가게 됐다.

나는 그곳에 발을 들여놓자마자 사람들의 관심과 집중을 한 몸에 받았다. 사람들은 친절하게 내게 말을 걸어줬다. 목사님이 사람들 앞에서 하는 말을 듣기도 했다. 나는 주위를 둘러보며 열심히 경청하고 있는 사람들을 쳐다봤다. 그들은 목사님의 이야기에 집중하며 듣기도 하고 두 손을 모아 기도하기도 했다. 나는 그 모습이 참 신기하게 느껴졌다. 그리고 목사님은 내가 처음 왔다며 소개도 해줬다. 사람들은 내게 다가와 반갑다고 하며 악수를 청했다. 나는 얼떨결에 사람들과 악수를 했다. 그리고 사람들은 다음에 또 교회에 오라고 웃으며 말했다.

나는 그 다음에 또 교회를 갔을까? 아니다. 나는 그곳에 딱 한 번만 가고 더 이상 가질 않았다. 사람들의 관심과 내게 집중되는 친절이 너무 부담스러웠기 때문이다. 교회에서는 연락이 왔지만 나는 받지 않고 친구에게 이야기하여 다시는 교회에 가지 않게 됐다.

나는 사람들이 내게 주는 관심과 사랑을 잘 받지 못했다. 나는 다른 사람들에게 주는 것은 잘 할 수 있었다. 그러나 나는 사람들이 아무리 많은

사는 게 행복하지 않은 너에게

좋은 것을 줘도 받을 줄을 몰랐다. 왜냐하면 나는 늘 받는 것보다 주는 것이 좋다고 생각했기 때문이다. 그래서 나는 늘 받는 상황이 생기면 어색해서 거절하거나 자꾸 밀어내려고만 했다. 주는 사람의 호의는 전혀 생각하지 못하고 말이다.

늘 내가 생각한 나의 자리는 밑에 있었다. 그리고 다른 사람들은 위에 있다고 생각했다. 나는 그게 당연하다고 생각했다. 주위에서 항상 '남을 잘되게 하라, 도와주는 것은 좋은 일이다.'라고 들으며 자랐기 때문이다. 나는 사람들과 있을 때 항상 예의 바르게 행동하려고 했다. 나는 늘 사람들 앞에서 완벽해 보이려고 했다. 그래서 사람들과 함께할 때 늘 몸과 마음이 잔뜩 긴장한 채 있었다.

어느 순간 나는 내가 행복하지 않다는 것을 알게 됐다. 그리고 행복해지고 싶었다. 인생을 사는 이유 중 하나가 '행복'이라고 생각했다. 그래서 외부 상황과 사람들을 보며 행복을 쫓아다니기만 했다.

'사람들에게 칭찬을 받으면 행복해질 거야.'
'사람들에게 관심을 받으면 행복해질 거야.'
'사람들에게 인정을 받으면 행복해질 거야.'

사람들에게, 사람들에게, 사람들에게…. 나는 늘 사람들이 내게 뭔가 해주면 나는 행복할 것이라고 생각했다. 하지만 나는 사람들에게 칭찬을 받아도 기대했던 것보다 행복하지 않았다. 사람들에게 관심을 받아도 전혀 행복하지 않았다. 인정을 받아도 잠시 행복했을 뿐이었다. 내가 행복을 붙잡으려고 하면 할수록 행복은 멀어지는 것 같았다. 나는 그래도 언젠가는 꼭 행복해질 것이라고 생각하며 하루하루를 보냈다.

이 세상 그 무엇보다 중요한 것은 바로 '나'

그러다가 어느 날, 나는 어떤 명상을 듣게 됐다. 명상 내용은 이 세상에 있는 그 무엇보다 내가 가장 중요하다는 것이었다. 내가 있어야 다른 사람이 있는 것이라고 했다. 내가 있어야 다른 물건들도 있는 것이라고 했다. 책꽂이에 꽂혀 있는 많은 책들도 내가 읽지 않으면 아무 의미가 없다고 했다. 다른 모든 것도 내가 있어야 의미가 있는 것이라고 했다. 내가 있어야 이 세상이 의미가 있는 것이라고도 했다. 즉, 내가 없다면 다른 것은 아무것도 의미하지 않는다는 것이다.

이 명상 내용을 들으며 나는 할아버지가 돌아가셨을 때가 생각났다. 할아버지가 돌아가셨을 때, 나는 모든 것이 의미가 없어졌다. 그토록 소중하게 여겼던 모든 것이 한순간에 아무 의미가 없어지는 것을 느낄 수 있었다. 그래서 이 명상에 나오는 말들이 무엇을 의미하는지 나는 금세 알 수 있었다.

'내가 있어야 다른 무엇인가가 존재하는 것이구나!'

나는 늘 다른 사람만, 외부 상황만 중요하다고 생각하고 그것들만 보며
살았는데 그 모든 것이 내가 있기 때문에 존재하는 것이었다는 것을 알게
됐다. 내가 없다면 내가 가지고 있는 물건들도 아무 의미 없었다. 내가 없
다면 내가 알고 있는 사람들도 아무 의미 없었다. 나는 주위를 살펴보며
눈에 보이는 것들을 하나씩 적용해봤다.

'내가 없다면 이 핸드폰도 아무 의미 없구나.'
'내가 없다면 이 노트북도 아무 의미 없구나.'
'내가 없다면 이 방도 아무 의미 없구나.'

하나씩 말하다 보니 내가 있기 때문에 모든 것이 의미가 있다는 것을
알게 됐다. 내가 있기 때문에 주위 사람들도 의미 있다는 것을 알게 됐다.
나아가 내가 있기 때문에 세상도 있다는 것을 알게 됐다. 모든 것이 다 나
로부터 시작되는 것이었다.

그 사실을 알게 된 후, 나는 나의 자리를 바꿔봤다. 나를 다른 그 무엇

보다 위에 둔 것이다. 내가 있으니까 물건들이 있고 내가 있으니까 돈이 있는 것이었다. 내가 있으니까 가족이 있고 내가 있으니까 다른 사람들이 있는 것이었다. 내가 있으니까 꿈이 있는 것이었다. 내가 있고 그다음 모든 것이 있는 것이었다. 그렇게 하다 보니 내가 너무 소중하게 느껴졌다. 나는 이 사실을 기억하고 싶어서 그림을 그려봤다.

나

―――――――――――――――――――――――――――――

물건, 돈, 사람들, 꿈, 사랑, 행복, 평화 등(모든 것)

그림을 그려놓고 보니 나는 그제야 과거의 내가 어땠는지 알게 됐다.

물건, 돈, 사람들, 꿈, 사랑, 행복, 평화 등(모든 것)

―――――――――――――――――――――――――――――

나

그림처럼 나는 늘 내 자리를 낮게 두고 모든 것을 높이 뒀다. 그리고 높이 있는 것을 갖기 위해 쫓아다녔다. 그러나 이제는 내가 가장 중요하다는 것을 알게 되고 자리를 서로 바꾸게 됐다. 그러자 내가 정말 소중한 사람이라는 것을 알게 됐다. 내가 왜 그동안 인생이 힘들기만 했는지 알 수 있었다. 삶의 우선순위가 잘못됐기 때문이었다.

나는 나를 소중하게 생각하기로 했다. 그러자 내 감정도 서서히 변하기 시작했다. 늘 불안하던 내가 점점 미소 짓는 일이 많아졌다. 늘 무언가를 쫓기만 했던 내가 순간순간을 소중히 여기려고 했다. 사람들 사이에서 어색하기만 했던 내가 여러 사람과 있는데도 전혀 불편해하지 않았다.

나는 나를 낮추면서 내게 오는 행복을 밀어내고만 있었다. 그래서 인생이 힘들다고 생각했다. 그러나 스스로 나의 자리를 지나치게 낮게만 두었던 내가 자리를 높이자 모든 것이 변했다. 내 자리를 높여보니 나는 무엇을 해도 괜찮은 사람이었다. 무슨 감정을 느껴도 괜찮았다. 그만큼 나는 소중한 존재인 것이다. 당신은 당신의 자리를 어디에 두고 있는가? 지나치게 낮게 두지는 않는가? 그렇다면 당신의 자리를 높여라. 당신은 스스로 자리를 높일 수 있는 만큼 아주 소중한 존재이다.

다른 사람의 생각을
추측할 필요는 없다

단순하게 살라. 쓸데없는 절차와 일 때문에 얼마나 복잡한 삶을 살아가는가?

– 이드리스 샤흐(인도 소설가)

생각만 하지 말고 조금씩 행동해보기

나는 다른 사람의 생각을 추측한 적이 많았다. 상대방에게 어떤 말을 하기 전에도 그 사람이 이렇게 생각하는 것은 아닐지, 저렇게 생각하는 것은 아닐지 늘 추측했다. 그리고 남이 나를 어떻게 보는가가 내게 중요한 문제였다.

이렇게 늘 남의 시선을 중시하다 보니 나는 어느새 내 생각보다 다른 사람의 생각을 중시하게 됐다. 다른 사람의 생각을 알 수 없으니 추측하느라 바빴다. 나는 나를 어떻게 보는가보다 남이 나를 어떻게 보는가를 더 많이 생각했다. 그래서 나는 늘 다른 사람들에게 무슨 말이나 행동을 해야 할 때마다 주저하는 일이 많게 됐다.

이런 일이 반복되다 보니 다른 사람을 도와주는 것도 주저하게 되었다. 어느 순간 보니까 나는 지하철이나 버스에서 다른 사람에게 자리를 양보하는 것도 주저하고 있었다. 나는 내가 왜 주저하는지 살펴봤다. 그랬더니 나는 이렇게 생각하고 있었다.

'저 사람이 도와주는 것을 원하지 않을 수도 있어.'
'저 사람이 양보받는 것을 싫어할 수도 있어.'

혼자 다른 사람을 보며 이런저런 생각을 추측하다 보니 힘이 빠지고 결국 아무것도 안하게 되는 나를 발견했다. 그래서 나는 조금씩 행동을 해보기로 했다. 아주 작은 것부터라도. 주저할 때도 있지만 자꾸 하다 보면 괜찮아질 것이라고 생각했다. 내가 아기 때는 자꾸 넘어졌지만 지금은 잘 걸어다니듯이, 신발 끈 묶는 것이 너무나 어려웠지만 지금은 쉽게 묶을 수 있듯이, 그렇게 조금씩 행동하는 것이 쌓여가면 괜찮아지겠다고 생각했다.

나는 커피를 잘 마시지 않는 편이다. 그런데 커피 쿠폰을 선물 받았다. 나는 이 쿠폰을 이용해 뭔가를 해보기로 했다. 커피를 사서 누군가에게 주기로 마음먹은 것이다. 그런데 또 이런저런 생각이 올라왔다. '받는 사람이 싫어하지 않을까? 처음 보는 내가 주면 뭔가 이상하다고 생각하지 않을까?' 이런저런 생각이 들었지만 우선 나는 편의점에서 커피를 샀다. 그리고 편의점에서 계산해주는 아저씨에게 말했다. "제가 커피를 선물 받았는데 제가 커피를 잘 안 마셔서요." 하며 구입한 커피를 아저씨에게 내밀었다.

그랬더니 아저씨는 "아고, 감사합니다. 잘 마실게요." 하며 내가 건네준 커피를 받았다. 나는 편의점을 나오며 내가 뭔가 해냈다는 아주 큰 기쁨을 느꼈다. 그리고 내가 행동하기 전에 추측했던 모든 생각이 순식간에 내 몸에서 빠져나가는 느낌이었다.

엄마의 항암 치료로 병원을 다니게 됐을 때, 엄마를 담당해주는 간호사 선생님이 있었다. 간호사 선생님은 엄마에게 친절하게 대해줬고 엄마는 편안하게 치료를 받을 수 있었다. 그리고 내가 더워하자 머리를 묶는 고무줄을 빌려주기도 했다.

퇴원하던 날, 나는 간호사 선생님에게 빌렸던 고무줄을 돌려드렸다. 그리고 비타민도 드리고 나왔다. 사실 이 비타민을 드리기 전에 간호사 선생님에게 드릴지 말지 고민을 무척 많이 했다. '간호사 선생님이 비타민을 안 좋아하면 어떡하지? 이런 것도 받으면 안 된다고 하지 않을까?' 등여러 가지 추측을 했다. 하지만 나는 자꾸 행동하기로 결심했던 것을 떠올리며 간호사 선생님에게 비타민을 드렸다.

사실 간호사 선생님의 반응이 어땠는지는 잘 모른다. 퇴원하는 날이어서 나는 간호사 선생님에게 얼른 고무줄과 비타민을 드리고 인사하고 나왔기 때문이다. 그래도 나는 간호사 선생님의 반응과 상관없이 내가 주저하던 행동을 한 사실에 혼자 흐뭇함을 느꼈다.

이런저런 추측을 해도 아무 변화가 없다

이렇게 나는 조금씩 다른 사람의 생각을 추측하기보다는 행동하기 시작했다. 어느 날, 볼 일을 마치고 집에 가던 길에 멀리서 리어카를 끌고 가는 할머니를 봤다. 나는 할머니에게 달려가 "할머니, 제가 도와드릴까요?" 하고 물었다. 그러자 할머니는 "아니에요. 여기 다 왔어요. 괜찮아요. 고마워요." 하고 말했다. 나는 할머니의 말에 더 이상 도와드릴 수 없었다. 할머니가 내 도움을 받고 싶어 하지 않는다고 느꼈기 때문이다.

나는 집으로 돌아와서 또 이런저런 생각을 했다. '할머니가 괜찮다고 했어도 내가 계속 도와드릴 걸 그랬나? 아니야, 할머니는 도움을 받고 싶지 않았을 수도 있어.' 나는 이런저런 추측을 하다가 그래도 할머니에게 말을 걸었던 것에 대해 참 잘했다고 생각하며 도와드리지 못한 것에 대한 생각을 그만뒀다. 아무리 내가 할머니가 그때 무슨 생각을 했을지 추측해도 이미 지난 일이었기 때문이다.

어느 날, 오전 11시쯤 동네 미용실에 간 적이 있다. 미용실에 가보니 사람이 정말 많았다. 그래서 1시 반에 다시 오기로 약속을 했다. 비는 시간에 나는 동네 도서관에 가서 책을 읽었다. 그러다가 12시 반쯤 배가 고프기 시작했다. 그런데 나는 아까 미용실에 사람이 많았던 것이 떠올랐다. 미용실 원장님도 손님이 많아서 식사를 못했을 것이라는 생각이 들었다. 그래서 김밥을 사서 같이 먹을까 생각했다. 그리고 나는 또 추측하기 시작했다.

'내가 김밥을 사가면 원장님이 좋아하실까?'
'원장님은 이미 식사를 하신 것이 아닐까?'
'나는 괜히 김밥을 사가는 것이 아닐까?'

하지만 생각을 한다고 해서 뭐가 달라지나? 우선 나는 김밥 가게로 가서 김밥을 두 줄 샀다. 그리고 포장해달라고 했다. 미용실에 가니 많았던 손님이 다 빠져나가고 손님 한 분이 남아 있었다. 나는 원장님에게 같이

사는 게 행복하지 않은 너에게

점심을 먹고 싶어서 김밥을 포장해왔다고 했다. 원장님은 그런 나를 보며 무척 기뻐하였다. 그리고 원장님은 손님이 사다 준 도시락과 열무김치 등을 꺼내놓았다. 그리고 내가 사온 김밥과 같이 맛있게 먹었다.

이러한 경험을 하면서 나는 내가 어떤 행동을 하기 전에 많은 추측을 하고 있다는 것을 알게 됐다. 그리고 이러한 추측은 그냥 생각일 뿐 다 맞진 않는다는 것도 알게 됐다. 그런데 나는 늘 '이럴 거야, 저럴 거야.' 하며 아무 행동도 하지 않았다. 그냥 행동하면 되는데 너무 많은 생각으로 스스로 피곤하게 만드는 것이었다.

한때 유행하던 글이 있었다. S대 행정대학원장 최종원 교수의 인생 교훈이라고 했다.

갈까 말까 할 때는 가라

살까 말까 할 때는 사지 마라

말할까 말까 할 때는 말하지 마라

줄까 말까 할 때는 줘라

먹을까 말까 할 때는 먹지 마라

이 글을 보며 그만큼 삶을 살면서 주저하는 사람들이 많다는 것을 알게 됐다. 특히 인간관계에서 주저하는 가장 큰 이유는 다른 사람의 생각을 추측하기 때문이다. 그러나 이러한 추측은 아무 의미가 없다. 상대방이 무슨 생각을 하는지, 자신을 어떻게 생각할지는 내가 어떻게 할 수 있는 것이 아니다. 상대방의 생각은 상대방만의 것이기 때문이다. 상대방이 무슨 생각을 하든 그것은 상대방의 자유인 것이다. 그러므로 내가 다른 사람의 생각을 추측해도 아무 소용이 없다는 것을 알아야 한다. 다른 사람의 생각을 추측할 필요 없이 그저 내가 하고 싶은 대로 하면 될 일이다.

자기만의 원칙을 세우고
진짜 나의 의견을 표현하라

자신을 믿지 않으면 우리에게 미래란 없어.
– 영화 〈록키〉 중에서

나만의 원칙 세우기

사람들과 모임을 하다 보면 직업도 다양하고 나이도 다양한 많은 사람을 만나게 된다. 그리고 모임 중간에 개인적인 사정으로 탈퇴를 하는 경우도 있다. 다양한 사람이 있듯이 탈퇴를 하는 과정도 다르다.

어느 날, 나는 한 통의 전화를 받았다. 모임에 있던 사람 중 한 명이었다. 그 사람은 더 이상 모임에 참여하지 않을 것이라고 말했다. 나는 갑작

스런 소식에 깜짝 놀랐다. 왜냐하면 그 사람은 모임 사람들과 이야기도 잘 나누고 밝아 보이던 사람이었기 때문이다. 그 사람에게 무슨 일이 있었는지는 모르지만 통화하는 목소리는 많이 힘들어 보였다. 그래서 나는 그 사람의 선택을 존중하여 붙잡지 않았다. 그런데 그 사람은 내게 모임에 계속 나갈 것인지 물어봤다. 나는 당연히 계속 모임에 나갈 것이라고 했다.

나는 이 대답을 하며 기억 속에 묻어뒀던 대학생 시절 동아리를 하던 모습이 떠올랐다. 동아리 공연을 준비하며 주위에 있던 동기들이 다 탈퇴하겠다고 한 적이 있었다. 동아리 공연 준비를 하면서 이런저런 힘든 일이 많았기 때문이다. 그러면서 동기들은 내게 물어봤다. 너는 탈퇴하고 싶지 않냐고. 선배들도 나를 신기하게 쳐다봤다. 다른 동기들은 다 탈퇴한다던데 나는 그럴 생각이 없는지 물어봤다. 그러나 그 당시의 나는 동아리를 탈퇴할 마음이 전혀 없었다. 그리고 동기들의 선택도 존중했기 때문에 동기들이 어떤 선택을 하든 괜찮았다. 결국은 동기들도 탈퇴하지 않았고 끝까지 함께 동아리를 이어나갈 수 있었지만 말이다.

이런 일을 겪은 나는 알게 모르게 사람들과의 모임에서 나만의 원칙이 있었는지도 모른다. 나만의 원칙은 바로 다른 사람들이 참여를 하든, 하지 않든 나는 내가 옳다고 생각하는 일은 어떻게든 끝까지 한다는 것이었

사는 게 행복하지 않은 너에게

다. 중간에 옳지 않다고 생각하면 얼마든지 나도 나올 수도 있었다. 그래서 내가 무슨 선택을 하든 다른 사람들이 어떤 선택을 하든 괜찮다고 생각한 것이다.

나의 의견을 표현하는 방법

사람들과 소통을 하는 또 다른 나만의 원칙은 아무리 생각해도 말해야 할 것은 솔직히 말한다는 것이다. 상대방이 어떤 위치에 있든 나이가 어떻든 상관없다. 대신 어떻게 말할 것인가는 또 다른 문제이다.

자신의 의견을 상대방에게 전달할 때는 감정과 하나가 되어서는 안 된다. 예를 들어, 화가 났을 때 화가 난 채로 상대방에게 말하면 듣는 사람이 어떻겠는가? 당연히 상대방은 불쾌할 수 있다. 아무리 나의 의견이 맞는 말이라고 해도 상대방은 그 말을 귀담아 듣지 않을 것이다. 그러면 어떻게 나의 의견을 표현하는 것이 좋을까?

1. 자신의 생각을 쓰며 정리해본다.
2. 상대방의 입장에서도 생각해본다.
3. 이해할 수 있는 면은 이해한다.
4. 내 의견을 부드럽게 말한다.

우선 나는 나의 의견이 어떠한지 노트에 적어본다. 그리고 상대방의 입장은 어떠한지도 살펴본다. 나의 의견과 상대방의 의견이 같을 수도 있지만 다를 수도 있기 때문이다. 그리고 상대방의 입장이 되어서 이해할 수 있는 면은 이해해본다. 그러면 어느 정도 왜 상대방의 입장이 이해가 되는 편이다. 그러나 상대방의 입장을 아무리 이해한다고 하더라도 내 의견을 표현해야 하는 경우에는 확실히 표현해야 한다. 표현할 때 부드럽게 웃으며 이야기하는 것은 내가 생각하는 하나의 방법이다.

유치원 근무할 때, 다른 반 교실 한쪽이 움푹 꺼져 있는 것을 보게 됐다. 아이들이 그곳을 지나가다가 넘어질 수 있기 때문에 얼른 조치를 취해야만 했다. 그런데 해당 반 교사는 원장 선생님에게 교실에 대해 말하는 것을 주저하고 있었다. 나는 그 모습을 보고 내가 도와줘야겠다는 생각이 들었다.

교사 회의가 끝난 후, 나는 원장 선생님에게 따로 드릴 말씀이 있다면서 다른 반 교실의 상황이 지금 어떤지 말하고 조치를 취해주기를 부탁드린다고 했다. 내 말을 들은 원장 선생님은 다른 반까지 신경 쓰고 있냐고 하면서 얼른 조치를 취해주겠다고 말해줬다.

사실 나도 말을 해야 하나 말아야 하나 고민을 했다. 해당 반 교사도 가

사는 게 행복하지 않은 너에게

만히 있는데 내가 다른 반까지 신경을 쓰는 것은 오지랖이 아닌가 생각도 했다. 그런데 아무리 생각해봐도 나의 의견을 솔직하게 말해야 한다고 생각했다. 그 누구보다 아이들을 위한 것이라고 생각했기 때문이다. 그래서 나는 원장 선생님에게 나의 의견을 솔직하게 말했고 원장 선생님도 나의 의견에 대해 수긍해줘서 일은 원만하게 해결될 수 있었다.

나는 이런 나만의 방법을 통해 많은 부분 나의 의견을 상대방에게 표현했다. 상대방도 대부분 나의 의견을 잘 들어줬고 이해해줬다. 하지만 나의 의견이 항상 옳다는 것은 아니라는 것을 충분히 염두에 두어야 한다. 나의 의견은 하나의 의견일 뿐 언제나 틀릴 수도 있다는 것을 알아야 한다.

당신은 살면서 지키는 당신만의 원칙이 있는가? 관계에서 당신만의 원칙은 무엇인가? 자신만의 원칙이 없다면 지금 바로 세워보자. 당신의 의견을 표현하기 위해 당신은 어떻게 하고 싶은가? 자신만의 원칙을 세웠다면 그 다음은 자신의 의견을 표현해야 한다. 원칙은 당신이 다른 사람과 소통하는 데 더욱 편안하게 만들어줄 것이다.

당신의 마음속에 품어둔 말을 하나씩 꺼내보자. 상대방이 당신의 의견을 들어줄지 안 들어줄지는 상관하지 말고 표현해보라. 그러면 당신은 지금보다 훨씬 마음이 가벼워질 것이다. 언제까지 입을 다물고 다른 사람이 알아주기만 바랄 것인가. 자, 이제 시작이다.

"당신만의 원칙을 세우고 진짜 당신의 의견을 표현하라."

건강한 까칠함을
가져라

솔직함만큼 사람들 사이의 거리를 좁혀주는 것은 없다.

– 레프 톨스토이(러시아 작가)

내가 사람들에게 그어놓은 선

나는 어느 정도는 사람을 이해하려고 했지만 내가 알게 모르게 그어놓은 선을 넘어서는 안 됐다. 나는 무슨 일을 하든 도움을 받기보다는 스스로 해결하려는 사람이었다. 그래서 남한테 도움을 줄 수는 있지만 내가 도움을 받는 것은 어색했다. 그래서 내가 다른 사람들에게 매달린다는 것은 상상도 못할 일이었다. 그런데 어느 날 지인이 내게 이렇게 말했다.

"네가 사람을 매달리게 만들잖아."

나는 충격이었다. '내가 그렇게 만들었다고? 나는 전혀 그런 적이 없는데? 사람들이 나한테 매달렸지, 나는 사람들에게 매달리라고 말한 적 한 번도 없는데.' 나는 그 말이 참 황당하게 느껴졌고 상대방이 적반하장이라고 생각했다.

그날, 집에 와서 곰곰이 생각해봤다.

'내가 진짜 사람을 매달리게 만드는가?'

어떤 한 친구가 생각이 났다. 나는 그 친구를 포함해 여러 친구들과 이야기하는 것이 무척 좋았다. 그 당시 내게는 즐겁게 지내는 게 중요했다. 그래서 친구와 즐겁게 지냈다. 그러던 어느 순간, 그 친구가 나한테 집착하는 것처럼 느껴졌다.

그래서 나는 그 친구에게서 벗어나기 위해 까칠해지기 시작했다. 나는 다른 사람도 중요하지만 나도 중요하다고 생각했다. 그래서 나는 사람들에게 때로는 까칠하게 때로는 친절하게 대했다. 나의 공간, 나의 시간을 중요하게 생각했다. 그래서 어느 정도는 사람들이 내가 만든 선을 넘어오지 못하게 했다. 그래서 어쩌면 사람들은 내게 매달렸는지도 모르겠다.

관계를 대하는 자세

나는 선생님이 되기 전에 어떤 선생님이 되면 좋을까 늘 고민했다. 그러다가 TV에서 엄마와 아이가 나오는 프로그램을 봤다. 그곳에 나온 엄마는 아이들에게 마냥 친구 같은 엄마였다. 아이들이 무슨 말을 하면 무조건 들어주고 허락해줬다. 아이들이 짜증을 내면 짜증을 다 받아줬다. 아이들이 예의 없이 행동해도 화를 내지 않고 무조건 다 괜찮다고 했다.

이런 행동이 아이들에게 무조건 좋은 걸까? 그 당시의 내 눈에는 그 엄마의 행동이 무척 좋아 보였다. 아이들이 뭘 하든 다 받아주는 부모가 얼마나 되겠는가. 나는 그 엄마가 내가 늘 어린 시절 바라던 엄마라고 생각했다.

그런데 심리 검사를 해보니 그 아이는 불안해하고 있었다. 불안해서 계속 엄마에게 짜증을 내는 것이었다. 상담사는 엄마에게 아이의 안전한 울타리가 되어줘야 한다고 말했다. 아이를 무조건적으로 다 받아줘서는 안 된다고 했다. 아이는 경계가 없어서 어떤 행동이 옳고 그른지 알 수 없었고 불안함을 느꼈다. 아이에게는 옳고 그름을 알려주는 부모가 필요했다.

그 엄마는 아이에게 무서운 엄마가 되고 싶지 않다고 했다. 왜냐하면 자신이 어렸을 때 권위적인 부모 밑에서 자랐기 때문이었다. 권위적인 부모가 너무 무서웠던 엄마는 자신의 아이에게만큼은 친절하고 따뜻한 엄마가 되어주고 싶어 했다. 그래서 아이가 무엇을 하든 다 받아주고 있던 것이다.

상담사는 엄마에게 권위적인 부모가 아니라 권위 있는 부모가 되라고 했다. 아이의 의견을 너무 받아줘서도 안 되고 아이에게 너무 엄격해서도 안 된다고 했다. 권위 있는 부모란 엄마의 중심을 잡고 아이에게 적절한 행동을 제공하는 것이었다.

나는 이 프로그램을 보며 권위 있는 부모라는 말이 참 와닿았다. 그래서 나는 아이들에게 권위 있는 교사가 되겠다고 생각했다. 사실 나는 아이들을 무조건 허용해주는 게 좋겠다고 생각했다. 그런데 아니었다. 필요할 때는 단호해야 했다. 나는 단호함을 부정적으로만 보고 있었던 것이다.

정말 위험한 순간에는 빠름이 필요하듯이 나는 늘 메타몽 같은 선생님이 되고 싶었다. 메타몽은 만화에 나오는 캐릭터 중 하나로 누구로든 변신할 수 있는 능력이 있다. 이 메타몽처럼 나는 무엇으로든 변신할 수 있는 선생님이 되고 싶었다.

아이들에게 편안해야 할 때는 따뜻한 선생님이 되고 싶었고, 아이들이 위험할 때는 얼른 적절하게 대처하여 지켜줄 수 있는 선생님이 되고 싶었다. 그러려면 내가 늘 적재적소에 알맞은 사람으로 변신해야만 한다고 생각했다.

그리고 나는 선생님이 되어 아이들을 만났다. 아이들은 에너지가 넘쳤다. 늘 좋은 일만 있으면 좋겠지만 예상치 못한 일들도 많았다. 아이들은 혼자 걸어가다가 넘어지기도 했고 친구와 이야기할 때 말보다는 주먹이 먼저 나가기도 했다. 이런 상황 속에서 나는 마냥 아이들에게 친절할 수만은 없었다.

아이에게 친구를 때리면 안 된다는 것을 단호하게 알려줘야 했다. 음식을 몰래 바닥에 버리는 아이에게 음식이 얼마나 소중한 것인지를 알려줘야만 했다. 나는 아이들과 하루하루를 지내면서 내가 지향하는 권위 있는 교사가 된다는 것이 쉽지만은 않다는 것을 알게 됐다.

그래도 권위 있는 교사가 되겠다고 생각해서 참 다행이라고 생각했다. 왜냐하면 그 프로그램을 보지 않았다면 나는 아이들을 무조건적으로 허용하는 것이 좋은 것이라고 생각하고 행동했을 것이기 때문이다. 나는 아이들에게 무조건 잘해주는 선생님이 좋은 선생님이라고 생각했다. 하지만 아이들의 입장은 달랐다. 아이들은 자신이 잘할 때는 칭찬해주지만 잘

못을 하고 있을 때는 잘못하고 있다고 알려주는 사람이 자신의 곁에 있기를 바랐다. 생각해보라. 무조건 다 받아주면 자신이 다 옳다고 생각하고 다른 사람을 배려하지 않는 사람이 될지도 모른다.

이렇게 아이들을 대하는 것처럼 다른 사람들을 대할 때도 적절한 자극과 반응이 필요하다. 착하다고 해서 좋은 것이 아니다. 착함은 다른 사람의 말을 잘 들어주는 것으로, 다시 말해 자신은 무시하는 것이다. 가토 다이조의 『나는 왜 눈치를 보는가』 중에는 이런 글귀가 있다.

"미워해야 할 사람을 미워하지 않는 사람은 정작 소중히 여겨야 할 사람에게는 차갑게 행동하고 있음이 틀림없다."

여기서 '정작 소중히 여겨야 할 사람'은 누구인가? 바로 자기 자신이다. 즉, 다른 사람에게 착하게 행동하느라 정작 소중한 자기 자신에게는 차갑게 행동하고 있다는 말이다. 당신의 착함에는 가시가 필요하다. 당신의 가시는 다른 누구도 아닌 당신 스스로를 지켜줄 것이다. 때로는 가시를 세워 당신을 보호하라. 나는 당신이 마냥 착하기만을 바라지 않는다.

5

관계의 변화를
두려워하지 마라

우리가 느끼는 두려움은 대부분 머릿속에서 만들어 낸 창작품이다.

단지 그걸 깨닫지 못할 뿐.

– 로랑 구넬(프랑스 소설가)

늘 변하는 관계 속에 있는 우리

우리는 살아가면서 많은 사람들과 관계를 맺는다. 가족과의 관계, 친구와의 관계, 선생님과의 관계, 친척들과의 관계 등. 자신의 직업이 무엇이냐에 따라 더 많은 사람들을 만나기도 한다. 아무리 자신이 혼자 살고 있다고 해도 밥을 먹고 삶을 살아가면서 관계를 맺지 않는 것은 어렵다. 이처럼 관계는 우리들이 살아가는 데 떼려야 뗄 수 없는 것이다.

사람들과 관계를 맺다 보면 늘 변하기 마련이다. 같이 사는 가족을 제외하곤 거의 밖에서 만나는 사람들과는 만나고 헤어지는 것이 반복됐다. 매년 함께 있던 선생님은 다른 학교로 전근을 가고 같은 반에서 지내던 친구들도 전학을 가거나 다른 학교로 배정되어 헤어지기도 했다. 때로는 좋았던 사람이 싫어지기도 하고 전에는 몰랐던 사람들을 새로운 모임에서 알게 되면서 우리는 늘 관계의 변화를 맞이하고 있다.

어렸을 때는 만나고 헤어지는 게 익숙하지 않았다. 그래서 늘 친구들과 함께하고 싶었다. 그리고 내 곁에는 늘 좋은 친구들이 많았다. 그런데 시간이 지나니 어느 순간 다 흩어져버렸다. 시간이 흐른 만큼 친했던 친구들과 다시 만나면 어색해지기도 했다.

고등학생 때까지는 매일 같은 반 친구들과 함께한다. 어쩌면 집에 있는 시간보다 학교에 있는 시간이 더 길어서 가족보다 더 오래 함께했다. 그러다가 대학생이 되고 나서는 간신히 시간을 맞춰야만 친구들을 만날 수 있었다. 그리고 한 명씩 빠지게 되더니 결국은 각자만의 시간을 갖게 됐다. 이처럼 관계는 늘 변했다.

대학생 때는 관계의 폭이 훨씬 넓어졌다. 같은 과 동기뿐만 아니라 동아리를 하게 되어 다른 과 선배들과 동기들도 만나게 됐다. 다른 학교 친구의 소개로 다른 학교 선배들도 만날 수 있는 기회도 생겼다.

사는 게 행복하지 않은 너에게

여러 모임 중에 가장 기억에 남는 모임이 있다. 바로 '미래사회리더스쿨'이라는 모임이다. 그곳은 흥사단에서 주최하는 모임이었다. 여러 대학생이 모여 강연도 듣고 다양한 프로그램에도 참여할 수 있었다.

아무도 모르던 상태에서 나는 그곳에서 다양한 사람을 만났다. 그리고 팀을 이뤄서 강연자를 초청해 강연회를 열기도 했다. 구글 김태원 상무, 좋은세상행복연구소 조은상 소장, 희망제작소 윤석인 부이사장 등의 강연을 듣고 발표하는 시간도 가졌다.

그리고 무엇보다 이 모임에서 가장 기억에 남았던 것은 함께 국토 순례에 참여한 것이었다. 모임에서 팀을 이뤄 9박 10일 일정으로 150명의 대학생과 강화도 마니산부터 강원도 태백산까지 함께 걸었다. 팀원들과 함께 밥도 같이 먹고 서로 격려하며 무사히 국토 순례를 마쳤다. 다리에는 멍이 들고 물집이 생기기도 했지만 우리 팀은 서로 챙겨주고 웃고 떠들며 끝까지 즐겁게 일정을 마칠 수 있었다.

이 모임에서 만난 사람들과 함께하면서 정말 즐겁고 행복했다. 그리고 시간이 흐르고 이 관계도 각자의 일로 인해 뿔뿔이 흩어져 변하게 됐다. 하지만 그때 함께했던 추억만큼은 여전히 내 기억 속에 남아 언제든 그 시절로 돌아가게 만든다. 함께 걷고 함께 자전거를 타며 걷던 거리, 함께 밥을 먹고 함께 땅바닥에 앉아 쉬던 시간, 함께 이야기 나누고 함께 밤하늘의 별을 보던 장면은 관계가 변해도 여전히 내 기억 속에 남아 있다.

사람은 누구나 관계의 변화에 적응한다

유치원 근무 당시, 새 학기 때 학부모님들이 가장 많이 걱정하는 것 중 하나는 아이들의 적응력이었다. 기존에 5살 반이었던 아이가 6살 반이 될 때는 그래도 조금 괜찮았다. 왜냐하면 이미 5살 때 유치원에 적응하여 반 친구들과도 친하게 지낸 상태이기 때문이다. 그리고 유치원에서 지내며 5살 반 선생님들과 6살 반 선생님들이 아이들에 대해 이야기를 나누기 때문에 적응을 쉽게 하는 편이다. 그래서 기존에 있던 학부모님들은 걱정이 조금 덜한 편이다.

하지만 6살 때 새로운 유치원에 오게 되거나 중간에 유치원을 옮기게 되어 적응해야 하는 아이들을 보는 학부모님의 마음은 편치 않다. 아이들이 잘 적응할 수 있을지, 친구들은 잘 사귈 수 있을지 이런저런 걱정이 앞서기 때문이다.

아이들을 살펴보면 아이들마다 성격이나 적응력이 다 다르다는 것을 실감할 수 있다. 유치원에 처음 올 때부터 엄마와 헤어지기 싫다고 우는 아이도 있고 엄마가 어디에 있든 상관없이 처음 본 친구들과도 함께 놀이를 하며 금방 적응하는 아이들도 있다. 여러 아이가 있지만 시간이 지나서 보면 아이들은 항상 언제 그랬냐는 듯이 유치원에 적응하여 친구들과 즐겁게 지낸다. 다만, 아이들마다 적응 기간이 조금씩 차이가 날 뿐이었다.

이렇게 아이들을 보다 보면 아이들처럼 어른도 비슷하다는 것을 알 수 있다. 새로운 사람을 만날 일이 있으면 어떤 사람을 만나게 될까 기대되기도 하고 설레기도 한다. 한편으로는 새로운 사람을 만나는 것이 걱정도되고 두렵기도 하다. 그래서 우리는 오히려 오랫동안 알고 지내던 사람을 더욱 편안하게 느끼는 것이다. 그들은 여러 번 만나서 익숙해져 있기 때문이다. 그러나 시간이 흐르면 새롭게 만난 사람들도 어느 새 익숙해지고 편안해지게 된다. 이렇게 만남과 헤어짐이 일상이 되는 삶을 우리는 살고 있는 것이다.

사람들과 만나고 헤어지는 삶에서 관계는 늘 변하기 마련이다. 어떤 때는 편안했던 사람이 갑자기 불편해지기도 하고 어제까지는 잘 몰랐던 사람이 오늘은 친근하게 느껴지기도 한다. 이러한 관계 변화에 쉽게 적응하는 사람도 있고 천천히 적응하는 사람도 있다. 속도의 차이가 있을 뿐이지 사람들은 모두 관계의 변화에 적응을 하게 되어 있다.

늘 관계는 변한다. 내가 가르쳤던 6살 아이들이 7살이 되었다. 그리고

7살이던 아이들이 초등학교를 가게 됐다. 늘 어리게만 보이던 아이들이 하루하루 키도 크고 몸도 커지는 것을 보면서 참 신기했다. 처음에 유치원에 오기 싫어서 눈물을 흘렸다는 아이가 언제 그랬냐는 듯 유치원에 오는 것을 좋아하게 되고 아기처럼 엄마 보고 싶다고 울던 5살짜리 아이가 자라서 초등학교에 간다는 것이 참 흐뭇했다. 관계는 늘 변한다. 회자정리라는 말처럼 만나는 사람은 반드시 이별을 한다. 그리고 우리는 또다시 새로운 사람을 만나서 관계를 맺는다.

지금은 인터넷이 발달하여 우리나라 사람들뿐만 아니라 세계 여러 나라 사람과 소통할 수도 있다. 어렸을 때는 상상만 하던 것이 현실로 이뤄진 까닭이다. 앞으로의 세상은 또 어떻게 변할 것인가? 그 속에서의 관계는 또 어떤 변화를 맞게 될 것인가?

나는 관계가 변화하는 것을 두려워하지 않겠다. 대신 변화하는 관계에 적응하여 기대감을 갖겠다. 또한 지금의 관계도 소중하게 생각하겠다. 언제 어떻게 관계가 변할지는 예측할 수 없지만 지금을 소중하게 생각하며 옆에 있는 사람을 소중히 대해줘야겠다. 그들도 나처럼 소중한 사람들이니 말이다. 그리고 이 관계가 변해도 나는 두려워하지 않고 살아가겠다. 관계의 변화는 자연스러운 것이기 때문이다. 앞으로 나는 또 어떤 새로운 사람을 만나게 될까?

사는 게 행복하지 않은 너에게

남이 아닌
내 기준에 맞춰라

우리는 남들과 똑같이 되려고 자신의 4분의 3을 잃어버린다.

– 쇼펜하우어(독일 철학자)

중요한 것은 남의 기준이 아니라 나의 기준

"너 왜 이렇게 걸음이 빨라. 너랑 같이 가고 싶었는데 너무 빨라서 못 따라 갔잖아."

어느 날, 한 친구가 내게 이렇게 말했다. 나는 그때까지 내 걸음이 그렇게 빠른 줄 몰랐다. 나는 그냥 별 생각 없이 걸었는데 친구는 내게 빠르다고 했다.

'내 걸음이 그렇게 빠른가?'

그리고 며칠 후, 또 다른 친구와 길을 걷는데 그 친구가 내게 말했다.

"너 왜 이렇게 걸음이 느려? 빨리 좀 걷자."

아! 나는 친구의 그 말을 듣고 내 발걸음은 아무 잘못이 없다는 것을 알게 됐다. 다만 각자가 생각하는 발걸음 속도의 기준이 다른 것이었다. 나는 그저 내게 생각하는 속도로 걷고 있을 뿐이었다. 그런데 한 친구는 내게 빠르다고 했고 다른 친구는 내게 느리다고 했다. 나는 내가 이상한 건가 생각했지만 그게 아니었다. 다만 각자 생각하고 있는 기준이 다른 것뿐이었다.

어버이날, 장윤정 디너쇼에 갔을 때 장윤정이 했던 말이 떠오른다.

"노래 부를 때 항상 고민했어요. 20대부터 80대까지 참석하신 분들의 연령이 너무 다양해서…. 어떤 노래를 부르면 좋아하실까 생각하다가 아! 내가 부르고 싶은 노래를 부르면 좋아하시겠다 생각했죠! 제 생각이 맞나요?"

그곳에 앉아 있던 사람들은 모두 큰 소리로 "네!"라고 대답했다. 그리고 장윤정은 자신이 부르고 싶은 노래들을 열심히 즐겁게 불렀고 듣는 사람들도 모두 흡족한 표정을 짓는 것을 볼 수 있었다.

나는 그 모습을 보며 가수가 참 멋지고 대단하다고 생각했다. 여러 사람을 만족시키기 위해 선택한 것이 자신이 원하는 노래를 부르는 것이라니! 전혀 생각지도 못한 발상이었다. 왜냐하면 다른 사람을 만족시키기 위해서는 다른 사람의 기준을 만족시켜야 한다는 고정관념이 있었기 때문이다. 하지만 장윤정이라는 이 가수는 나의 이런 고정관념을 깨주는 역할을 하였다. 그리고 삶에서 중요한 것은 남의 기준이 아니라 나의 기준이라는 것을 느낄 수 있었다.

고등학생 때, 나는 주위 사람들에게 의대나 경영학과에 가라는 말을 많이 들었다. 돈을 많이 벌 수 있다는 단순한 이유 때문이었다. 하지만 내 마음속에는 이미 선생님이 되고 싶다는 나만의 기준이 있었다. 그래서 다른 사람들의 말에 휘둘리지 않고 나는 나만의 길을 가고자 열심히 공부했다.

그리고 대학교를 결정할 때 유아교육과를 결정했다. 그리고 주위 사람들의 반대에 부딪히게 되었다. 하지만 나는 앞으로 내가 살고 싶은 삶은 유치원 선생님이라고 생각했기 때문에 다른 사람들이 뭐라고 하든 상관없이 유아교육과를 선택할 수 있었다.

　대학생 때, 나는 등록금을 마련하기 위해 과외를 여러 명 한 적이 있다. 바쁘긴 했지만 과외는 내가 예상했던 것보다 돈을 많이 벌 수 있게 해줬다. 주위에 있던 친구들은 내게 유치원 선생님을 하지 말고 차라리 과외 선생님을 하라고 내게 권유하기도 했다. 왜냐하면 유치원 교사가 박봉이라는 것을 알고 있었기 때문이다.

　친구들의 말에 조금 솔깃하기도 했지만 나는 유치원 선생님이 되고 싶다는 꿈을 포기할 수 없었다. 나는 돈보다 내가 생각한 꿈이 더 중요하다고 생각했기 때문이다. 나는 돈을 조금 적게 벌더라도 유치원 선생님이 되고 싶다는 꿈이 있었고 그 꿈을 꼭 실현시키고 싶었다. 그래서 나는 과외 대신 유치원 선생님이 되기로 결심했고 결국 유치원 선생님이 될 수 있었다.

　만약 내가 다른 사람들의 기준에 맞췄다면 나는 지금쯤 과외 선생님을 하고 있을지도 모르겠다. 하지만 그 당시 내가 원했던 것은 과외 선생님이 아니었다. 그래서 나는 남이 아닌 내 기준에 맞춰 유치원 선생님이 될 수 있었고 아이들을 만난 것에 대해 큰 기쁨을 느꼈다.

　퇴사하고 유럽 여행을 갈 때도 주위에서는 많은 걱정을 하였다. 여자들끼리만 가서 걱정, 소매치기가 많아서 걱정, 아플까 봐 걱정 등 나는 단지 유럽 여행을 가겠다는 말만 꺼냈을 뿐인데 사람들은 내게 많은 말을 해줬다. 심지어는 절대 가지 말라는 말까지도 들었다. 그들의 말에 휩쓸렸다면 나도 걱정이 돼서 못 갔을 것이다. 그러나 내 마음은 이미 유럽 여행을 가는 것으로 결정했고 다른 사람들의 말은 더 이상 내게 영향을 끼치지 않았다. 다른 사람이 무슨 말을 하든 나는 전혀 상관하지 않고 유럽 여행을 준비했고 무사히 유럽 여행을 다녀올 수 있었다.

내 삶의 주인공은 나

주위 사람들은 내게 걱정돼서 하는 말이라며 참 많은 말을 해준다. 사실은 나도 안다. 그들이 나를 얼마나 생각하는지, 얼마나 위하고 있는지를 말이다. 그러나 그들의 말이 맞다고 해서 그들이 세운 기준에 나를 맞출 필요는 없다. 왜냐하면 내 삶의 주인공은 나이기 때문이다. 아무리 나를 위한 것이라고 해도 내 마음에 맞지 않는다면 그것은 때로 독이 될 수 있다.

내가 다른 사람들의 기준에 맞췄다면 나는 유아교육과를 가지 않았을 것이다. 그리고 다른 사람들의 기준에 맞췄다면 유치원 선생님도 되지 않았을 것이다. 그리고 지인들과 유럽 여행도 가지 않았을 것이다. 그러면 나는 지금쯤 또 다른 삶을 살고 있을지도 모른다.

하지만 나는 지금의 삶에 만족하고 있다. 왜냐하면 그동안 남의 기준이 아니라 내 기준에 맞춰왔기 때문이다. 다른 사람들이 반대를 해도 나는 유아교육과를 선택했다. 그리고 다른 사람들이 박봉이라고 해도 나는 유치원 교사가 됐다. 그리고 다른 사람들이 걱정을 해도 나는 유럽 여행을 다녀왔다. 이뿐만 아니라 나는 오랜 시간 꿈이기도 했던 임용 고시를 포기하기도 했다. 나는 내 선택에 후회하지 않는다. 오히려 나는 내 선택을 최선이었다고 생각하고 자랑스럽게 여기고 있다.

앞으로 나는 또 다른 선택의 순간을 만나게 될 것이다. 하지만 나는 내가 무슨 선택을 하든 나를 믿어주고 응원해줄 것이다. 왜냐하면 나의 선택은 남이 아닌 내 기준에 맞춰 선택한 것이기 때문이다.

당신은 지금 누구의 기준으로 살고 있는가? 남의 기준으로 살고 있는가, 나의 기준으로 살고 있는가? 나는 당신이 다른 사람이 아닌 자신만의 기준에 맞춰 살기를 바란다. 다른 사람의 기준은 나의 기준이 아니다. 사회가 좋다고 욕망하라고 정해준 것들은 당신의 기준이 아니다. 남들이 뭐라고 하든 신경 쓰지 말고 당신만의 방식으로 살아보라.

사는 게 행복하지 않은 너에게

당신이 살아가고 있는 삶의 주인은 다른 누구도 아닌 바로 당신이다. 그러니 당신이 세운 기준에 맞춰 삶을 살아라. 그러면 삶이 아주 만족스러워질 것이다.

타인의 감정 쓰레기통이
되지 마라

인간의 행복의 원리는 간단하다. 불만에 자기가 속지 않으면 된다.

– 버트런드 러셀(영국 철학자)

감정을 아무 데나 버리는 사람들

핸드폰을 바꾼 지 얼마 지나지 않아서 일어난 일이다. 모르는 번호로 전화가 와서 받았다.

"여보세요?"

"여보세요? ○○냐? 너 왜 이렇게 전화를 안 받냐? 내가 얼마나 전화했는지 알아?"

전화기 너머 들려오는 목소리는 화가 난 듯한 목소리의 아저씨였다.

"아, 이 핸드폰 번호 전 주인 찾으시나 봐요."
"야, 너 또 모르는 척하는 거야? 너 나한테 왜 그러는 거야? 네가 나한테 그러면 안 되지!"

아저씨는 내 말은 전혀 듣지도 않은 채 무척 화가 난 듯이 따발총 쏘듯 말을 쏟아부었다. 나는 잠시 전화기를 귀에서 뗐다가 아무 소리가 안 들리자 재빨리 "얼마 전에 저도 이 번호로 바꾼 거예요. 찾으시는 분 저도 몰라요." 말하고 전화를 끊었다. 핸드폰을 바꾸면서 전화번호를 바꾼 탓인지 모르는 사람들에게 자주 전화가 걸려왔다.

'전에 썼던 주인은 도대체 어떻게 했길래 사람들이 화를 내며 전화하지?'

나는 한동안 문자와 전화로 모르는 사람들의 연락을 받아야만 했다. 그리고 그들은 마치 내가 전 주인이라도 된 것처럼 내게 화를 냈고 서운해했다. 나는 이런 일이 반복되자 아예 모르는 번호는 받지 않고 문자도 오면 바로 삭제하였다.

나는 전화번호 하나 바꿨을 뿐인데 상대방은 잘 알아보지도 않고 무조건 내게 화부터 냈다. 나는 마치 내가 알지도 못하는 사람들의 감정 쓰레기통이 된 것처럼 느껴졌다.

유치원에서 근무할 때의 일이다. 일주일에 한 번씩 아이들과 함께 수영장에 가는 날이 있었다. 유치원 근처에 수영장이 있었기 때문에 유치원차를 타고 금방 갈 수 있었다. 어느 날, 아이들과 함께 수영장에 왔는데 한 아이가 깜빡하고 수영 가방을 유치원 차에 놓고 내렸다고 했다. 나는 원장 선생님에게 전화를 하여 상황을 설명하고 어떻게 하면 좋을지 의견을 물어봤다. 그러자 원장 선생님은 유치원 기사님에게 부탁해서 아이의 수영 가방을 전해주겠다고 했다. 그래서 나는 아이의 수영 가방을 기다리고 있었다.

잠시 후, 기사님이 아이의 수영 가방을 가지고 들어왔다. 그러더니 갑자기 아이의 수영 가방을 바닥에 내팽개치며 말했다.

"아 거 참, 기분 나빠!"

그리고 기사님은 화를 내고 나가버렸다. 그곳에 있던 수영 강사분들과 나는 그 모습을 보고 깜짝 놀랐다. 평소에 온화하던 기사님의 모습은 온

사는 게 행복하지 않은 너에게

데간데없었다. 그 모습을 본 모든 사람이 당황해했고 서로 놀라서 눈만 깜박이고 있었다. 카운터에 있던 선생님은 얼른 아이의 수영 가방을 주워서 내게 건네주며 말했다.

"왜 저러세요?"

나도 이유를 잘 모르겠다며 어깨를 으쓱하고 가방을 건네받았다. 다행히 아이들은 수영복을 갈아입으러 안에 들어가 있었기 때문에 이런 모습을 보지는 않았다. 나는 그날, 아이들이 수영하는 모습을 보면서도 마음 한편에는 기사님이 수영 가방을 내팽개치며 화내던 모습이 계속 떠올랐다.

다음 날, 기사님을 다시 봤을 때 기사님은 자신이 언제 그랬냐는 듯이 '허허' 웃으며 아이들을 바라보고 있었다.

생각해보면 기사님은 그날 다른 일 때문에 기분이 안 좋았을 수도 있다. 그런데 수영 가방 때문에 더욱 기분이 안 좋아져서 자신도 모르게 화를 낸 것일 수 있다. 그리고 기사님은 금방 잊어버렸을지 모르지만 나는 그 모습을 계속 떠올리며 기사님을 안 좋게 생각했다. 나는 기사님이 버린 감정 쓰레기를 주워 담는 쓰레기통 역할을 한 것이나 마찬가지였다.

당신의 소중한 시간을 어떻게 보낼 것인가

어느 날 아침, 거실에서 엄마의 시끄러운 목소리가 들렸다. 무슨 일이 있는지 궁금해서 나가 보니 엄마는 간호사 선생님과 통화를 하고 있었다.

"그날은 제가 시간이 안 된다니까요. 내가 어제 다 말했잖아요? 왜 자꾸 했던 말을 또 하게 만들어요?"

엄마는 화를 내며 통화를 하더니 갑자기 전화를 탁 끊어버렸다. 엄마에게 무슨 일인지 물어봤다. 그랬더니 엄마가 병원에서 검사를 받아야 하는데 예약한 시간이 변경된 것이다. 그런데 예약된 시간이 엄마의 약속 시간과 겹친 것이다. 그래서 간호사 선생님에게 화를 내고 있었다. 엄마는 전날 병원에서 시간을 예약하고 온 줄 알고 있었다.

그러나 내가 알기로는 예약 시간이 나오면 알려준다고 했기 때문에 병원에서 엄마에게 전화를 했던 것이다. 엄마가 오해를 하고 있었던 것이다. 나는 괜히 간호사 선생님에게 미안한 생각이 들었다. 하지만 엄마도 화를 내느라 아침부터 기분이 안 좋았을 것이라는 생각이 들었다. 그래서 엄마에게 내가 통화하겠다고 하고 간호사 선생님과 통화를 했다. 그리고 간호사 선생님에게 사과를 하고 예약 시간을 다른 날로 잡아서 원만하게 해결했다.

사는 게 행복하지 않은 너에게

가끔 사람들은 자신이 화를 내면 다 해결이 되는 줄 알고 화를 낸다. 하지만 그것은 스스로와 다른 사람에게 피해가 갈 뿐 일이 해결되는 것은 아니다. 화를 가라앉히고 차분한 마음으로 생각해보면 해결 방법이 떠오를 것이다. 당신이 내뿜고 있는 화를 받아주는 사람은 무슨 죄가 있단 말인가.

타인은 당신의 감정 쓰레기통이 아니다. 그러니 타인에게 자신의 감정을 함부로 버리지 말라. 반대로 타인의 감정 쓰레기통이 되지 말라. 당신은 타인의 감정을 받아주는 쓰레기통이 아니다.

언제까지 당신의 소중한 시간을 타인의 감정을 받아주는 데 쓸 것인가. 당신이 지금 다른 사람의 이야기에 힘들어한다면 당신이 그의 감정 쓰레기통이 된 것은 아닌지 살펴보라. 당신은 타인의 감정 쓰레기통이 될 필요가 없다. 타인의 감정 쓰레기는 타인이 알아서 해결하도록 하라. 그리고 당신은 당신의 삶을 살아라. 당신은 좋은 말만 듣고 좋은 감정만 느낄 자격이 충분하다. 애써 타인의 쓰레기 같은 말과 감정으로 당신을 더럽히지 말라.

거절하고 싶을 때는
과감하게 거절하라

진실한 사람의 마음은 언제나 평화스럽다.

– 윌리엄 셰익스피어(영국 극작가)

오랜만에 한 친구를 만나서 그동안 어떻게 살았는지 이야기를 나눴다. 친구와 이야기를 나누며 즐거운 시간을 보냈다. 그래서 친구에게 친구 집에 가서 조금 더 시간을 보내도 되는지 물어봤다. 그러나 친구는 다음 날 회사를 가야 한다며 나의 제안을 거절했다. 나는 그 친구를 보며 참 거절을 잘 하는 친구라고 생각했다.

처음에 나는 그 친구가 나의 제안을 거절했을 때 나를 싫어한다고 생각했다. 그러나 그 친구는 늘 거절만 하는 것이 아니라 여러 가지 상황을 고려하여 제안을 받아들일 때도 있고 거절할 때도 있었다. 친구 덕분에 나는 내가 거절당하는 것이 아니라 나의 제안을 거절한 것일 뿐이라는 것을 알게 됐다.

나의 제안을 상대방이 무조건 들어줘야 한다고 생각하는가? 그럼 반대로 생각해보자. 당신은 다른 사람의 제안을 무조건 받아들이는가? 당연히 나 또한 다른 사람의 제안을 받아들일 수도 있고 거절할 수도 있다. 이는 나의 선택인 것이다. 그러나 거절할 때는 우물쭈물하기보다는 과감하게 거절하자. 그래야 상대방도 편하고 나도 편하다.

사실 나는 거절을 잘하지 못하는 성격이었다. 혹시 상대방이 나에게 상처받지 않을까 하는 생각이 있기 때문이다. 그러나 거절해야 할 일에 거절하지 못할수록 힘든 것은 바로 나 자신이었다. 모든 제안을 다 들어주다가 나는 지치고 만 것이다. 그리고 상대방도 제안을 들어줄수록 그것을 당연시하고 점점 요구 사항도 많아졌다. 그래서 나는 거절하고 싶을 때는 과감하게 거절하기로 했다.

처음에는 어려웠지만 한두 번 하다 보니 점점 익숙해졌다. 뭐든 처음은 어렵다. 그러나 하다 보면 내가 정확히 무엇을 원하는지 알게 되고 나의 값진 시간을 조금 더 유용하게 사용할 수 있게 된다.

그리고 기억해야 할 것이 있다. 나는 언제든 거절할 수 있는 존재라는 것. 그리고 언제든 거절당할 수도 있다는 것. 그런데 이 거절은 당신 자체를 거절한 것이 아니라는 것을 기억해야 한다. 당신의 생각, 당신의 행동, 당신의 제안을 거절한 것이지 당신 자체를 거절한 것이 아니다.

어느 날, 약속이 있어서 밖에 잠깐 나갔다가 집으로 돌아오는 길이었다. 나는 귀에 이어폰을 꽂고 노래를 듣고 있었다. 그리고 엘리베이터를 탔다. 집이 있는 층수를 누르고 올라갔다. 그리고 도착해서 내리는데 같이 엘리베이터를 타고 있던 사람이 내 등을 툭툭 쳤다.

나는 '내가 뭘 떨어뜨렸나?' 하고 뒤를 돌아봤다. 그 남자는 주저하며 말했다. "저기, 그쪽이 마음에 들어서 그러는데 혹시 전화번호 좀 알려줄 수 있으신가요?" 나는 속으로 놀랐지만 아무렇지 않은 척했다. 그 사람이 엘리베이터를 탈 때 15층을 누르고 있는 것을 봤기 때문이다. 나는 그 사람이 같은 아파트에 사는 사람인 줄 알았다. "아, 네. 어디 사시는데요?" 그런데 그 남자는 다른 아파트에 산다고 했다.

나는 왠지 그 사람이 불편하게 느껴졌다. 그럼 그전부터 나를 따라왔다는 소리가 아닌가? 그래서 나는 "아… 그러세요? 그런데 조금 불편하네요."하며 전화번호를 주지 않았다. 그 남자는 얼른 불편했다면 죄송하다

사는 게 행복하지 않은 너에게

며 엘리베이터를 타고 내려갔다.

집으로 돌아와 나는 그 남자가 도대체 어디서부터 나를 따라온 것일까 궁금하기도 하고 무섭기도 했다. 처음 본 사람에게 말을 건다는 것이 용기 있어 보이기도 했지만 두렵다는 생각도 들었다. 그래도 내가 그 사람의 제안을 거절하길 잘했다고 생각했다. 그 사람은 나를 봤을지 모르지만 나는 그 사람을 본 적이 없기 때문이다. 처음 본 사람이 어떤 사람인 줄 알고 전화번호를 주겠는가.

어느 날, 나는 선배를 만나게 됐다. 선배는 상사가 뭐라 하든 "네."라고 대답하는 직장동료 이야기를 했다. 그래서 상사에게 예쁨을 많이 받으며 회사를 잘 다니고 있었다고 했다. 때로는 주위 사람들이 보기에도 심한 욕을 상사가 하는데도 그는 계속 듣고만 있다고 했다. 참 대단한 사람이라고 생각했다.

그런데 어느 날, 상사의 부름으로 그는 상사의 집에 초대받았다. 식사 도중 상사는 자신의 아내에게 "애가 있어서 일이 잘된다."라며 자랑을 했다. 그런데 그가 잠시 화장실에 갔다가 손을 씻고 나오는데 상사가 아내에게 "그럼 뭐 해, 내 밑에서 평생 발만 닦으면서 살 텐데…."라고 말하는 것이 아닌가. 그 말을 듣고 그는 그동안 많이 참았지만 그 말만큼은 도저히 참을 수 없었는지 다음 날 바로 사표를 제출하고 잠적했다고 한다.

나는 이 이야기를 들으며 그가 아무리 상사라고 해도 거절할 일에는 과감히 거절했다면 어땠을까 생각해봤다. 만약 상사 집에 가지 않았더라면 사표를 낼 일도 없었을 것이다. 또는 평소에 상사의 말을 무조건 "네."라고 하지 않았다면 어땠을까? 상사가 욕을 했을 때 너무 심한 것 아니냐는 말을 한마디라도 했다면 어땠을까? 과연 내가 그였다면 어떤 선택을 했을까? 이런저런 생각이 들었다.

유치원 마지막 날, 나는 여러 학부모님에게 감사 전화를 받았다. 그리고 그동안 모아둔 자료를 정리하고 다음에 오게 될 선생님을 위해 쓰던 자리도 깨끗이 정리했다. 그런데 그날 오후, 원장 선생님은 나를 불러 다음 날도 출근하기를 바랐다. 나는 분명 오늘까지로 알고 있었는데 다음 날도 출근하라고 하는 것이었다.

그래서 나는 다음 날 출근을 했을까? 아니다. 나는 출근을 하지 않았다. 아무리 생각해도 내가 할 일은 끝났고 기간도 더 하면 더 했지 덜 했다고 생각하지 않았기 때문이다. 그래서 나는 원장 선생님에게 내 의견을 말했고 원장 선생님도 내 뜻에 따라 그날까지만 나오는 것으로 결정했다. 그래서 나는 다음 날 출근을 하지 않았고 마지막 인사까지 그날 다 하고 왔다.

아무리 생각해도 거절해야 할 일이라면 과감하게 거절해야 한다. 우물쭈물하다가는 스스로도 힘들고 다른 사람도 힘들게 만들 수 있다. 자신을 믿고 과감하게 거절하자. 거절하고 싶을 때 과감하게 거절해도 당신은 안전하다. 당신이 생각하는 아주 큰일은 생각보다 별로 일어나지 않는다.

5장

감정 때문에
힘든 인생이
감정 덕분에
행복해졌다

부정의 감정 습관에서 벗어나 긍정의 감정 습관을 가져라

여러분은 여러분이 하루 종일 생각하고 있는 것, 바로 그것이다.

– 조셉 머피(아일랜드 작가)

생각을 바꾸자 생긴 변화들

주택에서 살던 나는 고등학생 때 처음으로 아파트에 살게 됐다. 어느 날, 학교에 갔다 왔는데 집이 평소와 달리 너무 어질러져 있었다. 나는 엄마에게 전화를 해서 집에서 무엇을 찾았냐고 물어봤다. 엄마는 아무것도 찾은 것이 없다고 하면서 왜 그러냐고 했다. 집이 너무 지저분해져 있다고 하니 엄마는 잠깐 기다리라고 하며 전화를 끊었다. 그제야 나는 집에 도둑이 들었다는 것을 알게 됐다. 그리고 혹시 몰라서 얼른 집 밖으로 나왔다.

밖에 있던 엄마는 경비 아저씨와 함께 집으로 와서 상태를 살펴봤다. 경비 아저씨는 엄마에게 경찰에 신고하라고 했지만 엄마는 괜찮다고 했다. 일을 크게 만들고 싶지 않다고 했다. 돈과 물건 몇 개만 없어졌을 뿐 큰일은 아니니 다행이라고 했다.

그런데 나는 다음 날부터 집에 잘 들어가지 못하게 됐다. 누군가가 집에 있어야 안심을 하고 집에 들어갔다. 그리고 나도 모르게 집에 들어갈 때 바닥에 발자국이 찍혀 있는지 안 찍혀 있는지 살펴보게 됐다. 그리고 며칠 동안은 검은 그림자가 나오는 악몽을 꾸기도 했다. 나는 이 일로 인해 집에 대해 두려운 감정 습관을 가지게 됐다.

차츰 시간이 흐르고 나는 이 감정 습관을 내가 생각으로 만들고 있다는 것을 알게 됐다. 이제 집은 안전한데 나는 '또 도둑이 들면 어쩌나, 그를 마주치면 어떻게 대처해야 하나.' 등 계속 불안하고 두려운 생각을 만들고 있었던 것이다. 창문을 더욱 튼튼하게 만들었고 문단속도 철저하게 했기 때문에 더 이상 도둑이 들어올 수 없는 구조였다. 하지만 나는 생각으로 계속 두려워하고 있었다.

그래서 나는 생각을 바꾸기로 했다. 두려움을 느끼는 대신 나는 안전하다고 생각했다. 그러자 안심이 되었다. 집에 혼자 있어도 아무렇지 않았

사는 게 행복하지 않은 너에게

다. 생각 하나 바꿔서 습관으로 만들었을 뿐인데 나는 더 이상 집에 들어가는 것이 무섭지 않았다. 그리고 더욱 삶을 편안하게 만들어줬다.

유럽 여행 때, 세 번째 여행지인 스페인에서 있었던 일이다. 유럽 여행을 가기 전, 소매치기를 조심하고 친절한 사람도 조심하고 사진을 찍어준다고 하면서 카메라를 뺏어갈 수 있으니 함부로 카메라도 줘서는 안 된다는 말을 많이 들었다. 이런저런 이야기를 들으며 스페인에 도착하게 된 날, 나와 지인들은 스페인 음식점을 찾고 있었다. 그런데 아무리 지도를 봐도 위치가 어디인지 잘 찾지 못했다. 그래서 우왕좌왕하고 있는데 우리를 지켜보던 한 남자가 우리에게 말을 걸었다.

"What happened?"

"…."

우리는 말을 거는 그 남자를 한 번 쳐다보고 다시 우리끼리 길을 찾기 위해 지도를 보았다. 그러자 그 남자는 다시 우리에게 말했다.

"Hey, ask me anything. I'm safe."

"저 사람 뭐래?"

"궁금한 것 있으면 자기한테 물어보래. 자기는 안전한 사람이라고."

"아, 아니야. 그냥 우리끼리 해결하자. 저 사람 못 믿겠어."

우리는 그 남자를 경계하며 얼른 자리를 피해 다른 곳으로 갔다. 여행 다니던 사람들 중에 도와주고 나서 팁을 달라고 하는 경우가 있다고 들었기 때문이다.

우리는 여행을 다니며 여러 사람을 경계하며 다녔다. 그래서 항상 긴장하며 다니기도 했다. 그러다가 나는 너무 외국인들을 경계하며 다니는 것이 아닌가 생각했다. 그래서 생각을 바꿔 그들도 우리처럼 한 나라의 사람이고 친절한 사람이라고 여겼다. 그러자 좋은 일들이 많이 생기기 시작했다.

크로아티아에서 생긴 일이다. 플리트비체를 가게 됐는데 그곳에서 폴란드 할아버지를 만나게 됐다. 폴란드 할아버지는 가족과 패키지로 여행을 왔다고 했다. 그리고 같이 구경을 하는데 배를 타기 위해 기다리는 시간이 있었다. 그곳에서 할아버지는 우리를 불러서 커피를 사줬다. 그리고 같이 이야기를 나누고 사진도 찍었다. 말이 잘 통하지는 않았지만 우리를 만나서 반가웠고 아낌없이 베푸는 할아버지의 모습에 우리도 기분이 좋아졌다.

그리고 스위스 여행을 했을 때 기차에서 만난 부부도 있었다. 중국분이

사는 게 행복하지 않은 너에게

었는데 짧은 영어로 우리와 이야기를 했다. 그리고 헤어졌다가 길에서 우연히 또 만나게 됐다. 우리는 정말 반가워서 같이 기념사진도 찍고 또 만나자며 헤어졌다.

여행을 하면서 늘 외국인들이 무섭다고 생각하고 친절을 베풀어도 경계하기 바빴는데 생각을 바꾸니 그들은 무척 친절한 사람들이라는 걸 알게 되었다. 함께하며 무척 즐거웠다.

긍정적인 감정 습관 vs 부정적인 감정 습관

유치원 실습 마지막 날, 지도 선생님이 해줬던 말이 기억에 남는다. 어디를 가든지, 누구를 만나든지 좋은 점만 보라고 하였다. 나는 그 말을 깊이 새기며 적용하고자 했다. 유치원에서 근무를 할 때도 나는 이 말을 떠올리며 일했다. 상사인 원장 선생님을 봐도 좋은 점을 보려 했고 아이들을 봐도 좋은 점을 보려 했다. 그리고 다른 동료 교사들, 학부모님들, 기사님들 등의 좋은 점을 보고자 했다.

그러자 상대방이 어떤 말이나 행동을 했을 때 왜 그렇게 하는지 이해가 됐다. 그리고 어떤 말을 해도 기분이 별로 나쁘지 않았다. 나는 사람들과의 관계에서 어려움보다는 기쁨을 많이 느꼈다. 그 이유 중 하나가 바로 지도 선생님이 알려줬던 장점만 보라는 말을 실천했기 때문이다.

이 실천이 다른 사람들에 대해 긍정적으로 생각하게 만들었고 이것이 습관이 되어 관계를 형성하는 데 쉬울 수 있었다.

한 가지 사건을 볼 때도 긍정적인 모습을 볼 수 있고 부정적인 모습을 볼 수 있다. 한 사람을 볼 때도 그 사람의 긍정적인 면을 볼 수 있고 부정적인 면을 볼 수 있다. 이처럼 감정 습관도 부정적인 감정 습관이 있고 긍정적인 감정 습관이 있다.

당신은 지금 어떤 감정 습관을 가지고 있는가? 부정의 감정 습관을 가지고 있는가? 당신이 부정의 감정 습관을 가진 데는 이유가 있을 것이다. 그 이유를 파악해보라. 그리고 부정의 감정 습관을 가졌다면 반대로 긍정의 감정 습관도 가질 수 있다. 그러니 부정의 감정 습관에서 벗어나 긍정의 감정 습관을 가져라.

습관은 반복하여 형성할 수 있다. 어떤 일을 바라볼 때 당신이 어떤 생각을 하는지 잘 살펴보라. 긍정적인 생각을 하는가? 좋다. 그럼 계속하라. 부정적인 생각을 하는가? 그럼 생각을 멈추라. 그리고 긍정적으로 생각할 수 있는 면을 찾아봐라. 당신이 찾아본다면 분명히 그곳에는 긍정적인 면이 있을 것이다. 긍정적인 면을 찾았는가? 그렇다면 긍정적인 면을 생각하라. 그러면 당신의 감정이 긍정적으로 변할 것이다.

긍정적인 감정 습관을 갖는 것은 쉽다. 긍정적인 생각을 반복하면 긍정

사는 게 행복하지 않은 너에게

적인 감정을 갖게 될 것이다. 그러니 어떤 상황에 처하든 누구를 보든 긍정적인 면을 찾고 또 찾아라. 그러면 어느 새 당신은 긍정적인 감정 습관을 갖게 될 것이다.

착하게만 살아서도,
약하게만 살아서도 안 된다

많은 이들이 커다란 행복만 고대하면서 작은 기쁨을 잃어버린다.
– 펄 벅(미국 소설가)

무조건 착하게 행동하는 것이 좋은 것만은 아니다

실습 때, 여러 선생님이 실습생들을 위해 자료 준비와 하나라도 더 가르쳐주기 위해 노력하는 모습을 볼 수 있었다. 그리고 교생들에게 가끔 먹으면서 하라고 간식도 챙겨줬다. 여러 선생님 중에 특히 한 분은 매일 간식을 챙겨줬다. 그래서 실습생들은 오늘은 또 무엇을 받을까 기대를 하게 됐다.

그러다가 어느 날 한 번은 선생님이 간식을 주지 않았다. 그러자 실습

사는 게 행복하지 않은 너에게

생들은 괜히 서운하다는 생각이 든다고 했다. 기대했다가 실망한 것이었다. 나도 실습생들 틈에서 이러면 안 되는 줄 알면서도 서운하다는 생각이 들었다.

그 대신 다른 선생님이 실습생들에게 간식을 줬다. 그 선생님은 평소에 우리도 잘 안 쳐다보고 신경도 잘 안 쓰던 선생님이었다. 그런데 나를 포함한 실습생들은 그날 처음으로 간식을 챙겨 준 선생님에게 엄청 고마워하였다.

실습생들 틈에서 이런 내 마음을 살펴보며 내가 왜 이러나 생각했다. 원래 잘해주던 선생님은 계속 잘해주다가 딱 한 번 안 해주는 걸로 서운해하고 원래 쳐다도 안 보던 선생님은 계속 안 해주다가 딱 한 번 해주는 걸로 고마워하다니…. 사람 심리가 이상하게만 느껴졌다.

이 경험을 통해 나는 무조건 착하게 행동하는 것이 좋은 게 아니라는 것을 알 수 있었다. 사람들의 마음을 얻으려고 무조건 착하게 행동하는 것은 아니지만 사람들의 기대 심리가 평소에 착하게 행동하는 사람들에게 다르다는 것을 느낄 수 있었다. 착하다고 생각하는 사람에게는 착한 행동을 계속 기대하게 되고 갈수록 이 행동을 당연하게 여긴다는 것을 알 수 있었다. 그리고 기대한 만큼 상대방이 해주지 않으면 실망도 그만큼 크다는 것을 느낄 수 있었다.

같은 학교를 다니는 여러 친구 중에 착하다고 생각하는 친구가 있었다. 그 친구는 친구들 틈에서 늘 조용했고 고개를 잘 들고 다니지 않았다. 친구들과 이야기할 때도 아주 작은 목소리로 이야기를 하고 어딘가 슬퍼 보였다.

그러던 어느 날, 그 친구의 집에 여러 명이 놀러가게 됐다. 친구네 집에 아무도 없어서 친구들과 함께 놀고 있는데 갑자기 친구 엄마가 집으로 들어왔다. 그리고 친구 엄마는 허락도 없이 친구를 집에 데려왔다고 친구를 혼냈다. 친구 엄마는 친구에게 소리를 질렀고 친구는 울었다. 나는 친구네 집에서 친구가 엄마에게 혼나는 모습을 처음 보았고 너무 놀랐다. 다른 친구들도 놀랐고 우리는 친구에게 얼른 인사를 하고 밖으로 나왔다. 밖으로 나온 친구들과 놀이터에서 모여 이야기를 나눴다. 모두 보통 친구들 앞에서는 아이를 혼내지 않는데 친구 엄마가 정말 무섭다고 했다. 그리고 친구의 평소 모습이 왜 이렇게 슬퍼 보이는지 짐작할 수 있었다.

다음 날, 친구를 만나서 괜찮은지 물어보니 친구는 웃으며 괜찮다고 했다. 하지만 내 눈에는 그 친구가 왠지 모르게 슬프게 보였다. 너무 착하기만 해서 엄마의 화도 다 받아줄 것만 같았다. 엄마의 말에 반항 한 번 하지 못할 것처럼 보였다. 나는 친구를 보면서 너무 착하기만 하면 누구에게든 당할 수 있을 것이라는 생각을 하였다. 이를 통해 나는 무조건 착하

사는 게 행복하지 않은 너에게

게만 사는 것이 좋지 않다고 생각했다.

악하게만 살아서도 안 되는 이유

유럽 여행을 갔을 때의 일이다. 크로아티아 중 스플리트라는 곳을 여행하고 있었다. 저녁에 관광 명소에 가서 사진을 찍고 내려오는 길이었다. 그런데 갑자기 어디선가 학생들의 웃음소리가 났다. 위쪽을 쳐다보니 10명 정도의 남자 학생들이 우리를 쳐다보며 웃고 있던 것이었다. 그러더니 갑자기 입에 머금고 있던 물을 우리 쪽으로 뿌리기 시작했다.

우리는 갑자기 물벼락을 맞게 됐다. 그래서 얼른 뛰어 내려와 물을 피했다. 우리의 모습을 보고 그 학생들은 물을 계속 뿌리기 시작했다. 그들은 장난을 친 것이었다. 갑자기 남자 학생들이 웃으며 우리 앞을 우르르 지나갔다. 순식간에 일어난 일이라 우리도 당황했다.

물을 뿌리지 않는 곳으로 내려오자 지나가던 부부가 무슨 일인지 우리에게 물어봤다. 우리는 대답도 하지 못한 채 아이들을 피해 한 음식점으로 들어갔다. 음식점으로 와서 살펴보니 지인의 옷이 물에 젖어 있었다. 우리는 기분이 무척 나빴다. 그런데 말도 잘 안 통하기도 했고 아이들의 수가 너무 많았기 때문에 어떻게 할 수 없었다. 그저 이만하길 다행이라며 서로 넘어갔다.

그들은 혼자 있었다면 하지 않았을 행동을 다른 친구들과 함께 있다는 자신감으로 여행자인 우리에게 장난을 쳤다. 우리는 이 사건으로 인해 크로아티아 중에서 스플리트라는 여행지를 기분이 안 좋았던 곳으로 기억하게 됐다. 여행지마다 외국인들을 대하는 모습이 달랐다. 대부분 친절한 편이었는데 이 사건으로 인해 스플리트는 기분 나쁜 곳이 되어 내게 다시는 가고 싶지 않은 곳이 돼버렸다.

예전에 재미있게 본 드라마 중에 〈왔다 장보리〉라는 프로그램이 있다. 드라마 제목만 보면 장보리가 주인공이다. 하지만 드라마에서는 악한 연민정 역할을 맡은 배우 이유리가 너무 연기를 잘하는 바람에 인기를 끌었다. 그리고 그녀는 그해 MBC 연기대상까지 탔다.

드라마에서 이유리가 맡은 연민정 역은 자신의 출세를 위해 자신이 사랑했던 남자와 자신이 낳은 아이도 다 버린다. 그리고 다른 사람과 결혼하고 매일 가족과 주위 사람들에게 거짓말을 밥 먹듯이 한다. 드라마를 방영할 때마다 오늘은 또 연민정이 어떤 나쁜 행동을 하고 거짓말을 할지 궁금해하고 얼른 벌을 받기를 바라면서 봤던 기억이 난다.

결국 그녀의 모든 죄는 사람들에게 들통이 났고 그녀는 경찰서에 연행되어 죗값을 치르고 나오게 된다. 그리고 새로운 삶을 살며 드라마는 해피엔딩으로 끝난다.

사는 게 행복하지 않은 너에게

이 드라마를 보며 악하게만 살아서도 안 된다는 것을 알게 됐다. 자신의 성공을 위해 다른 모든 사람과의 관계를 무시하고 거짓말하는 삶이 과연 좋기만 한 삶일까? 아마 연민정도 매일 마음이 편하지 않았을 것이다. 주위 사람들에게 거짓말하고 자신의 과거를 속이고 숨기며 사는 것이 얼마나 어려운 일인가.

드라마는 악하게 살면 최후엔 어떻게 되는지 내게 알려줬다. 나는 그것을 보며 앞으로 나의 삶을 어떻게 살아갈 것인지 배웠다. 드라마는 단순히 하나의 이야기일 뿐만 아니라 내게 여러 가지 생각을 해보게 만들어줬다. 그리고 그 드라마 속에 나온 다양한 사람의 입장과 이야기를 통해 다른 사람들의 입장도 생각해보는 기회도 만들어줬다.

여러 가지 경험을 통해 내가 깨달은 것은 살아갈 때 착하게만 살아서도, 악하게만 살아서도 안 된다는 것이다. 착하게만 살면 나는 어느 새 나자신을 잊어버리고 다른 사람의 시선이나 기대에 맞춰 사는 사람이 돼버린다. 그렇다고 해서 나만을 위해 다른 사람은 생각하지 않고 내 멋대로 해버리면 주위 사람들에게 피해가 갈 수 있다.

그러면 어떻게 해야 하는가. 나는 나답게 살아가기로 했다. 단, 다른 사람에게 피해를 주지 않는 선에서 말이다. 나는 내가 하고 싶은 대로 하되 다른 사람에게 피해가 되지 않게 살아가기로 선택했다. 당신은 어떻게 살아가기를 바라는가? 나는 당신이 착하게만 살기를 바라지 않는다. 그리고 당신이 악하게만 살기도 바라지 않는다. 그저 당신이 당신답게 살아가기를 바란다.

당신의 착함에는
가시가 필요하다

너부터 행복해라, 제발. 희생이라는 단어는 집어치우고.
— 드라마 〈나의 아저씨〉 중에서

때로는 단호하게

대학생 때, 고등학생 1학년 학생 과외를 한 적이 있다. 과외를 하며 숙제를 내줬는데 숙제를 전혀 해오지 않았다. 처음에는 '그럴 수도 있지.' 하며 넘어갔다. 그런데 이런 일이 계속되는 것이었다. 그래서 나도 모르게 큰 소리로 "왜 숙제를 계속 안 해오니? 다음부터 숙제 안 해오면 진도 안 나가겠어."라고 말했다.

그리고 다음 번 과외를 하는 날, 학생은 숙제를 빠짐없이 해왔다. 원래 이런 아이가 아닌데 어떻게 이렇게 완벽하게 숙제를 할 수 있나 나도 놀랐다. 그러던 중 아이는 내게 학교에서 쉬는 시간에도 놀지 않고 숙제를 끝까지 했다고 말하면서 이런 말도 덧붙였다.

"선생님이 그때 화내셔서 혼날까 봐 숙제 다 했어요."

나는 아이의 말을 듣고 혼란스러웠다. 아이의 말이 그동안 내가 화를 내지 않아서 숙제를 안 해왔다고 들렸기 때문이다. 그래서 앞으로 계속 화를 내야 아이가 숙제를 해오려나 생각했다. 나는 그동안 아이에게 숙제를 안 해와도 괜찮다고 했고 전혀 혼내지 않았다. 그런데 그때 한 번 큰소리로 말했다고 아이가 숙제를 끝까지 해온 것이다. 나는 아이의 말을 듣고 때로는 아이에게 단호함이 필요하다는 것을 느끼게 됐다.

그러면서 나는 학창 시절 나의 모습이 떠올랐다. 어느 날, 학교에서 쉬는 시간에 친한 친구들과 모여 이야기를 나누고 있었다. 그런데 반에서 별로 친하지 않은 여자아이가 내게 갑자기 다가와서 말했다.

"야, 너는 뭐가 그렇게 잘났니?"

사는 게 행복하지 않은 너에게

전혀 뜬금없이 들은 말이었다. 갑자기 주위는 조용해졌다. 그 여자아이는 그 말만 던지고 다시 자기가 있던 곳으로 돌아갔다. '뭐지? 쟤가 갑자기 나한테 왜 저런 말을 하는 거지? 나랑 친하지도 않은데?' 마침 수업 종이 울렸고 나와 친구들은 자리에 돌아가 앉았다.

그날 저녁, 집에 돌아와서 잠을 자려고 하는데 그 아이의 말이 계속 떠올랐다. 그 친구가 갑자기 왜 나에게 그 말을 했는지 이해가 안 갔다. 그래서 나는 내가 그 아이한테 무엇을 잘못했나 생각하다가 답을 찾지 못한 채 밤을 설쳤다.

다음 날, 나는 어느 순간 그 아이의 눈치를 보게 됐다. 그런데 그 아이는 어제 내게 아무 말도 안 한 것처럼 행동했다. 나는 내가 왜 그런 소리를 들었는지도 모른 채 시간을 보내야만 했다.

나는 그 아이에게 왜 그런 말을 하냐고 당당하게 물어봐야 했다. 다짜고짜 와서 그런 말을 하다니, 지금 와서 생각해보니 나는 그때 그런 말을 들을 이유는 전혀 없었다. 단지 그 친구가 자신의 친구와 놀지 않는다고 나에게 화를 낸 것이다. 하지만 나는 그때 너무 착하기만 했다. 그래서 내가 뭘 잘못했나 눈치만 보고 있었다. 나의 착함에도 가시가 필요했던 때였다.

나를 지켜야 할 사람은 나

초등학교 때부터 알게 된 친구가 있다. 나는 그 친구와 어렸을 때부터 알던 사이였기 때문에 적당히 함께 두루두루 친하게 지냈다.

그러던 어느 날, 반에서 수련회를 간 적이 있다. 그리고 그날 한 친구가 그 친구에게 다가가 "너는 왜 이렇게 XXX가 없냐?"라고 말하는 것을 봤다. 두 친구 사이에 무슨 일이 있었는지는 잘 몰랐다. 그런데 두 사람은 말싸움을 하기 시작했다. 옆에서 보고 있던 친구들은 그 둘을 말리느라 난리가 났다.

다행히 선생님이 얼른 와서 둘의 싸움은 정리가 됐다. 그리고 며칠 후, 둘은 언제 그랬냐는 듯이 화해를 하고 웃으며 대화를 나누었다. 마치 마법에 걸려서 싸우던 사람들이 마법이 풀려 기억하지 못하는 것 같았다.

'호의가 계속되면 권리인 줄 안다.'라는 말처럼 사람들은 호의가 계속되면 그게 당연한 것인 줄 안다. 그리고 한 번 화를 내거나 단호하게 하면 더 이상 상대방을 건드리지 않는다. 나는 이런 상황을 보고 겪으며 때로는 나의 착함에는 가시가 필요하다고 생각했다. 이는 다른 누구도 아닌 스스로를 위한 것이었다.

이 세상에서 나를 지켜야 할 사람은 나였다. 언제까지 당하기만 하면서 살 수는 없었다. 열심히만 한다고 해서 착하게만 행동한다고 해서 해결되

사는 게 행복하지 않은 너에게

는 일은 없었다. 그렇게 살면 오히려 나 스스로만 힘들어질 뿐이었다. 그래서 나는 때로는 단호함이 필요하다고 생각한다. 그것은 다른 누구도 아닌 나 스스로를 위한 가시이다.

감정은
인생 최고의 선물이다

지금 이 순간 당신이 느끼고 있는 감정이 하나의 선물이자 지침서이고,

당신을 도와주는 시스템이며, 행동을 취하라는 신호라는 점을 깨달아라.

– 앤서니 라빈스(미국 작가)

여러 감정을 느끼며 사는 삶

나는 늘 기분 좋은 감정만 느끼고 싶었다. 혼자 있을 때나 사람들과 같이 있을 때 좋은 기분만 느낀다면 얼마나 좋을까 하고 생각한 적이 많았다. 하지만 이런 나의 바람은 늘 이뤄지지 않았다. 나는 살아가면서 좋은 일도 많았지만 안 좋은 일도 많았다. 그리고 늘 삶은 내가 계획한 대로 이뤄지는 것도 있었지만 내가 예상치 못한 방향으로 흘러가기도 했다. 나는 좋은 일이 일어나면 기뻐했다. 내가 예상한 대로 일이 진행되면 기뻐했

사는 게 행복하지 않은 너에게

다. 하지만 안 좋은 일이 생기면 실망했고 예상치 못한 방향으로 삶이 흘러갈 때는 좌절하기도 했다. 이렇게 나는 늘 이런저런 일이 일어날 때마다 여러 감정을 느끼면서 살아가고 있었다.

대학생 때, 친구 2명과 내일로 여행을 간 적이 있다. 5박 6일로 여행 계획을 세우고 출발했다. 여행 일정 중 부산에서 있었던 일이다. 같이 간 친구 중에 한 명이 실수로 넘어지는 바람에 무릎을 다쳤다. 그래서 친구는 치료를 받고 숙소에서 쉬게 됐다. 그리고 나는 다른 친구 한 명과 부산에 있는 시장을 구경하며 시간을 보냈다.

저녁이 되어서 버스를 타고 숙소로 돌아오는 길이었다. 갑자기 버스가 중간에 서고 우리를 제외한 모든 사람이 버스에서 내리는 모습을 보았다. 나는 그곳에서 사람들이 모두 내리는 모습을 보고 사람들이 많이 사는 동네인가 보다고 생각했다.

그런데 버스 기사님이 우리에게 "손님, 내리세요. 여기가 마지막이에요."라고 말하는 것이 아닌가. 아직 종점까지 가려면 남았는데…. 기사님에게 종점까지 가는 버스 아니냐고 물어봤다. 그러자 기사님은 오늘이 휴일이라 여기까지만 운행한다고 했다. 그날은 평일이었는데 아뿔싸! 12월 25일, 즉 휴일이었던 것이다. 우리는 평일로 생각하느라 버스가 종점까지 가는 줄 알고 있었다.

어쩔 수 없이 나와 친구는 버스에서 내렸다. 그런데 이게 웬일인가. 버스가 가고 주위를 둘러보자 주위는 온통 깜깜했다. 아까 내린 사람들은 금세 어디로 갔는지 보이질 않았다. 핸드폰 손전등을 비춰 주위를 잘 살펴보니 깜깜했던 곳은 온통 논밭이었다. 길을 걷다가 마침 동네 슈퍼가 보였다. 그곳에 들어가서 길을 물어봤다.

그러나 슈퍼 아주머니는 길을 잘 모른다고 했다. 이제 어떡하지? 우리는 우선 불빛이 많이 있는 곳으로 걸어가자며 무작정 걸었다. 핸드폰 배터리도 별로 없어서 비상상황을 대비해서 우선 꺼놨다. 그리고는 무작정 빛이 있는 쪽으로 걸었다. 불빛이 많이 보였던 곳은 자동차가 지나다니는 도로였다. 우리 둘은 이런저런 얘기를 하며 걸었다.

만약 자동차가 서서 우리에게 태워준다고 하면 탈 것인지 말 것인지 이야기를 나눴다. 우리는 누군가가 자동차를 세워줘도 무서워서 타지 않을 것이라고 이야기했다. 그러나 우리를 위해 자동차를 세워주는 사람은 아무도 없었다.

한 친구는 아파서 못 왔으니 다행이라고 생각했다. 같이 왔으면 아픈데 길도 잃어버려서 더 힘들었지도 모르기 때문이다. 우리는 어린 시절 봤던 만화 주제가도 부르며 걷고, 하늘에 떠 있는 무수한 별들도 보며 아름다움을 느꼈다. 걷고 또 걷다 보니 점점 많은 건물들이 보이고 불빛들도 많

사는 게 행복하지 않은 너에게

아졌다. 핸드폰을 켜보니 숙소에 있던 친구한테 전화가 와 있었다. 친구와 연락을 해서 숙소 사장님이 데리러 와줬다. 그리고 무사히 숙소에 도착했다. 지금은 웃으면서 얘기할 수 있는 이 이야기는 그 친구와 나만의 추억이 되었다.

감정이 없었다면 나는 이때의 이야기를 추억할 수 있을까? 희로애락을 느끼지 않는다면 무슨 재미가 있을까? 힘든 때가 있었기 때문에 기쁨을 느낄 수도 있다. 생각해보라. 아무 감정도 느끼지 않는 로봇 같은 삶을…. 우리는 감정이 있기 때문에 사람들에게 많은 도움을 주기도 하고 많은 도움을 받기도 하며 살아가고 있다.

며칠 전, TV에서 〈응답하라 1988〉 재방송을 보게 됐다. 그곳에서 바둑 천재인 최택이 신인에게 져서 시무룩한 감정을 느끼고 있는 모습을 보았다. 주위 사람들은 최택에게 아무 말도 하지 말라며 서로 눈치를 보고 있었다. 그리고 최택 자신도 아무렇지도 않은 척하며 지내고 있었지만 수면제를 먹어야 잠을 잘 수 있을 정도였다. 주위 사람들이 질 때도 있는 거라고 하며 그를 위로해줬지만 최택은 전혀 기분이 풀리지 않는 것 같았다.

그러다가 최택 집에 여러 친구가 모이게 됐다. 그러면서 최택에게 "너 완전 깨졌다며? 잘한다, XX야. 동네 창피해서 다니겠냐?" 등 뭐라고 하는 것이 아닌가? 그러자 최택은 실수였다고 했다. 그러자 친구는 택이에게 "너는 실수해서도 안 되고 징크스도 있으면 안 되고 이것도 안 되고 저것도 안 되고…" 하며 말하다가 택을 웃게 만들었다. 그러다가 욕을 하면서 풀라고 하고 욕도 가르쳐줬다. 최택은 욕도 따라 하며 자신의 묵은 감정을 털어냈다.

이 장면을 보며 때로는 욕도 감정을 푸는 데 도움이 될 수 있다는 것을 알게 됐다. 그동안 욕이 무조건 나쁘다고만 생각했었기 때문이다. 그런데 이 장면은 나의 고정관념을 깨주었다. 그리고 최택의 풀리지 않던 감정들이 풀리고 환하게 웃는 모습을 보며 나 또한 기분이 좋아졌다.

감정이 없었다면 주인공은 바둑 경기에서 이기든 지든 상관하지 않았을 것이다. 하지만 감정이 있었기 때문에 졌을 때 기분이 안 좋았고 친구들을 통해 이 감정을 풀 수도 있었다. 그리고 친구들과의 관계도 더욱 돈독해지는 것을 볼 수 있었다. 그리고 내가 이 장면을 보며 주인공의 심정을 헤아려볼 수 있는 것도 감정이 있었기에 가능한 것이었다. 이렇게 감정은 관계를 더욱 친밀하게 맺는 것뿐만 아니라 다른 사람을 이해하는 데도 도움을 주는 소중한 것이다.

당신의 신호인 감정

감정이 없다면 맛있는 음식을 먹어도 맛있다고 표현하지 못할 것이다.

감정이 없다면 영화를 봐도 재미가 없을 것이다. 감정이 없다면 사람들과 친밀한 관계를 맺지 못할 것이다. 감정이 없다면 행복을 느낄 수 없을 것이다. 감정이 없다면 사랑을 느낄 수 없을 것이다. 감정이 없다면 감사를 느낄 수 없을 것이다. 감정이 없다면 아이들을 사랑하지 않았을 것이다. 감정이 없다면 친구들을 사귀지도 않았을 것이다. 감정이 없다면 여행을 다니지도 않았을 것이다. 감정이 없다면 이 책을 쓰지도 않았을 것이다. 감정이 있어서 나는 희망을 느낄 수 있다. 용기를 느낄 수 있다. 삶을 느낄 수 있다. 다른 사람을 이해할 수 있다. 사람들과 더욱 친밀해질 수 있다. 이렇듯 감정이 있어서 많은 것을 할 수 있다.

감정은 알게 모르게 우리에게 많은 영향을 미치고 있다. 이 감정을 잘 다룬다면 지금보다 더 행복한 인생을 살 수 있지 않을까? 많은 노력이 필요한 것이 아니다. 다만 당신의 신호인 감정을 알아차리기만 하면 된다.

당신은 지금 무슨 감정을 느끼고 있는가? 감정은 당신이 지금 무슨 생각을 하고 있는지 알려준다. 좋은 감정을 느끼고 있는가? 그러면 당신은 지금 좋은 생각을 하고 있는 것이다. 나쁜 감정을 느끼고 있는가? 그러면 당신은 지금 나쁜 생각을 하고 있는 것이다. 그러니 그 생각을 다른 관점으로 바꿔서 생각해보라. 그러면 당신은 지금보다 기분이 더 나아질 것이다.

감정은 당신을 힘들게 하려고 있는 것이 아니다. 당신을 행복하게 하기 위해 존재하는 것이다. 다시 말해 감정은 당신 인생 최고의 선물이다. 당신은 이 선물을 어떻게 사용할 것인가? 그것은 오직 당신의 선택이다.

감정 때문에 힘든 인생이
감정 덕분에 행복해졌다

우리는 너무 많이 생각하고 너무 적게 느낀다.
– 찰리 채플린(영국 희극배우)

변하지 않는 사실 하나

엄마의 항암 치료는 2주마다 한 번씩 진행됐다. 그래서 엄마의 보호자로 병원에서 지내던 때의 일이다. 병원에서 배정한 대로 4인실이나 6인실에서 지내게 됐다. 다른 환자분들은 엄마에게 물었다.

"딸이에요? 엄마 닮았네요."

2주 후, 우리는 다른 병실에 배정됐고 다른 환자분을 만났다.

"딸이에요? 엄마랑 안 닮았네요. 아빠 닮았나 보네요."

2주마다 병실을 옮겨다닐 때마다 가장 많이 듣는 말이었다. 환자분들은 나를 보며 엄마를 닮았다고 하거나 엄마를 전혀 닮지 않았다고 했다. 나는 여러 번 그 말을 듣자 혼란스러웠다.

'나는 엄마를 닮은 거야, 안 닮은 거야?'

그러다가 나중에는 그런 말이 내가 신경 쓰지 않으면 아무 소용이 없다는 것을 알게 됐다. 사람들은 같은 것을 보고도 다양한 방법으로 생각할 수 있는 자유가 있었다. 나는 사람들의 시선이 아닌 그냥 나 자체로 보기 시작했다.

그러자 다른 사람이 닮았다고 하든, 안 닮았다고 하든 상관이 없었다. 그건 단지 그들의 의견일 뿐이지 맞고 틀리고의 문제가 아니었다. 그들은 나와 엄마를 보며 닮았다 안 닮았다 그저 자신의 생각을 말한 것뿐이다. 그리고 나는 크게 개의치 않았다. 엄마를 닮든 안 닮든 내가 나라는 사실은 변하지 않으니까!

사는 게 행복하지 않은 너에게

나는 겨울 방학 때 친구와 처음 속초로 여행을 간 적이 있다. 속초에서 본 겨울 바다는 파도가 아주 세차게 치고 있었다. 나는 바다를 보며 내 속에 있던 모든 감정이 파도에 씻겨 내려가는 것 같다고 느꼈다. 그래서 나는 늘 시간이 될 때마다 강원도 쪽으로 바다를 보러 가게 됐다. 여름 방학 때 가족 여행으로 가기도 하고 임용 고시 시험 결과를 기다릴 때도 나는 강릉 바다로 갔다. 바람을 쐬고 싶을 때, 나는 늘 강원도로 바다를 보러갔다.

어느 날, 나는 강릉에 있는 사근진 해변에 가게 됐다. 그곳은 다른 곳들에 비해 인적이 드문 곳이었다. 나는 바다를 바라보며 혼자 앉아 있었다. 주위에 있던 사람들 한두 명씩 어느새 저 멀리 걸어가고 있었다. 나는 파도를 바라보면서 한동안 모래 바닥에 앉아 있었다. 그리고 갑자기 나도 모르게 이런 말이 튀어나왔다.

"아, 행복하다."

이 말을 하는 순간 나는 갑자기 행복함을 느꼈다. 그리고 입가에 미소가 지어졌다. 모든 것이 완벽하게 느껴졌다. 파도 소리도 갈매기의 모습도 내가 바라보고 있는 모든 것이 평화롭고 아름답게만 느껴졌다. 나는 한동안 가만히 앉아 그 행복감에 푹 빠져 있었다.

나는 그때 나온 말을 통해 행복이 어딘가에 있지 않다는 것을 느끼게 됐다. 행복은 늘 내게 있었다. 그런데 나는 늘 어딘가에서 찾고 있었다. 물건이나 사람 혹은 상황, 나는 늘 외부에서만 행복을 찾고 있었다. 그런데 그때 나는 스스로 행복을 선택할 수 있다는 것을 알게 됐다. 어쩌면 지금까지 늘 선택의 문제였는지도 모른다. 나는 늘 감정 때문에 힘든 인생을 선택하고 있다는 것을 알게 됐다. 내가 감정을 선택하는 존재로서 감정 덕분에 행복한 인생을 선택할 수도 있었다.

감정에서 벗어나는 방법

어느 날, 한 편의 영화를 봤다. 〈먹고 기도하고 사랑하라〉라는 영화였다. 그 속에 기억에 남는 대사가 있었다.

"난 다 잊은 줄 알았는데 아직도 그를 사랑하나 봐요."

"무슨 큰일이라고, 그럼 계속 사랑해."

"너무 보고 싶어요."

"그럼 계속 보고 싶어 해."

"…"

"그리울 땐 그리워해. 사랑할 땐 사랑을 해. 그래야 언젠간 끝이 날 거야."

나는 이 영화를 보며 처음으로 사람을 그리워해도 된다는 허락을 받은 기분이 들었다. 나의 주된 감정은 그리움이었다. 그런데 나는 늘 '내가 왜 이런 그리움을 느낄까?' 하며 이런 그리움을 빨리 없애고만 싶었다. 누군가를 그리워하게 되면 힘들까봐 그 감정에서 벗어나고만 싶었다. 그런데 그럴수록 더욱 그리워졌다. 그리워지고 싶지 않으려고 발버둥 칠수록 나는 더욱 그리움에 빠져들었다. 나는 이 감정을 내가 어찌 할 수 없는 것이라고 느꼈다.

그런데 이 영화 대사를 듣자마자 아주 큰 깨달음을 얻었다. 이 그리움을 진정으로 끝내고 싶으면 그리워해야만 했다. 내가 느끼는 이 감정을 피하려는 것이 아니라 기꺼이 느껴줘야 했다. 그래서 나는 이 대사를 반복해서 떠올렸다. 그리고 그리움이 들 때마다 그냥 그리워했다. 그러다 보면 어느 순간 괜찮아졌다. 그리움의 감정이 어느 새 흘러가버렸다. 그렇게도 벗어나고 싶었을 때는 더 깊이 빠져든 그리움이었다. 하지만 피하지 않고 그리움을 느끼니 오히려 쏙 빠져나갔다. 나는 이 대사에서 느낀 것들을 다른 감정들에도 적용해보기 시작했다.

그러다가 한 가지 사실을 알게 됐다. 내가 어떤 감정은 빨리 없애고 싶어 하고 어떤 감정은 온전히 느끼고 있다는 사실이었다. 대부분 안 좋은 감정은 얼른 없애버리고 싶었다. 그리고 기쁜 감정은 굳이 애쓰지 않아도 감정을 만끽하고 있었다. 그러나 기쁜 감정은 금방 흘러가버렸다. 없애고 피하고 싶을수록 더 느끼게 되고 감정을 온전히 느끼면 어느새 사라진다. 그래서 나는 어떤 감정이든 온전히 느끼기로 결정했다. 좋은 감정이든 안 좋은 감정이든.

그러자 감정들이 잠깐 머물다 가는 손님처럼 있다가 갔다. 내가 굳이 붙잡지 않으면 손님이 갈 길을 가듯이 그렇게 감정도 왔다가 갔다.

그래서 나는 이제 감정 때문에 힘든 인생이 아니라 감정 덕분에 행복해지기로 했다. 나는 늘 감정 탓만 했다. 좋은 감정만 좋아했고 나쁜 감정은 없어지기만을 바랐다. 하지만 좋은 감정도 나쁜 감정도 없었다. 다 이유가 있어서 생기는 감정이었다. 나는 이 감정을 거부하는 것이 아니라 흠뻑 느껴야만 했다. 그래야 행복해질 수 있었다.

화가 나는가? 화를 느껴라. 누군가를 그리워하는가? 마음껏 그리워해라. 기쁜가? 마음껏 기뻐해라. 나는 당신이 나의 과거처럼 좋은 감정만 느끼기를 원하고 나쁜 감정은 피하기를 원하지 않는다. 당신의 모든 감정을 마음껏 느끼기를 바란다. 그러면 당신은 감정 때문에 힘든 인생이 아니라 감정 덕분에 행복해지는 삶을 살 수 있을 것이다.

사는 게 행복하지 않은 너에게

이 순간을
온전히 살자

미래는 아무도 모르는 법입니다. 순간을 소중히 해야죠.

– 영화 〈타이타닉〉 중에서

생각도 설레지 않으면 버려라

"지금 이 순간, 지금 여기…." 하면 떠오르는 노래가 있는가? 그렇다면 당신은 이 노래를 들어본 적이 있을 것이다. 나는 대학생 때 이 노래를 처음 듣게 됐다. 학교 축제 때 유난히 사람들이 많이 모여 있는 곳이 있었다. 무슨 일 있나 궁금해서 가보니 배우 조승우가 무대 위에 서 있었다. 잠시 후, 조승우가 노래를 부르기 시작했다. 바로 뮤지컬 〈지킬 앤 하이드(Jekyll & hyde)〉에 나오는 〈지금 이 순간〉이라는 노래였다.

나는 이 노래를 듣고 온몸에 소름이 쫙 돋았다. 조승우가 노래를 잘 불렀을 뿐만 아니라 노래 가사가 너무 좋았기 때문이다. 그리고 뭔가 내 안에 갇혀 있던 것들이 확 풀려나가고 앞으로 잘 살 수 있겠다는 희망찬 느낌이 들었다. 그래서 나는 그때 이 노래를 처음 들은 후로 지금까지 자주 듣는다.

생각해보면 나는 지금 이 순간을 온전히 살아본 적이 별로 없었다. 나는 늘 과거에 있었던 일들을 떠올렸다. 혹은 미래에 일어날 일들을 생각하며 걱정하거나 불안해하며 지냈다. 나는 과거에 있었던 일들을 떠올리며 내가 상처를 받았다고 생각했다. 다른 사람이 내게 어떻게 말했고 어떻게 행동했는지를 반복해서 떠올리고 있었다. 시간이 흘러서 이제 그 사람은 만나지도 않는데 나는 상처받았던 그때를 계속 떠올리며 과거 속에 사로잡혀 있었다. 그리고 그 사람이 내게 그렇게 해서 나는 억울하다고 느꼈다.

어느 날, 나는 산책을 하다가 예전에 읽었던 책의 제목이 떠올랐다. 『설레지 않으면 버려라』라는 제목의 책이었다. 이 책은 물건 정리와 관련된 책이었다. 그런데 이 제목이 꼭 물건에만 해당되는 것이 아니라는 생각이 들었다. 내가 하고 있는 생각들도 설레지 않는 것들은 가차 없이 버려야 한다는 것이 떠올랐다. 그래서 나는 내가 그때 과거의 안 좋은 기억이 쓰

사는 게 행복하지 않은 너에게

레기라면 쓰레기를 버렸다가 다시 주워 담았다가 다시 버렸다가 다시 주워 담았다가를 반복하는 것처럼 느껴졌다. 그러면서 혼자 힘들다고 했다. 그리고 나를 힘들게 하는 것은 그때의 상처 준 그 사람이 아니라 나였다는 것을 알게 됐다.

나는 아주 가끔 과거에 있었던 일들 중 행복했던 일을 떠올렸다. 운전면허증을 한 번에 따서 기뻤던 일이나 친구들과 함께 여행을 갔던 일, 선생님이 되어 아이들을 만났던 일 등은 나를 기쁘게 만들어줬다. 그리고 미래에 대한 생각도 둘 중 하나였다. 불안하거나 좋거나. 미래에 대해 안 좋은 생각을 하면 불안했다. 그리고 버킷리스트를 보며 그 일들을 하나씩 이룬 나의 모습을 생각할 때는 좋았다.

그리고 나는 늘 행복을 좇았다. 나는 인생을 사는 이유 중 하나가 '행복'이라고 생각했다. 그러니까 불행한 나는 인생을 잘 살지 못하고 있다고 느꼈다. 나는 '지금 이 순간, 지금 여기'를 보질 않았다. 늘 나는 내가 언젠가는 행복해질 거라고 생각했다. 나는 늘 미래의 나만 보고 살았다. 내가 늘 바라만 보던 미래가 지금 이 순간인지도 모른 채….

어쩌면 감정은 단순하다고 생각했다. 좋은 생각을 하면 좋은 감정이 들고, 나쁜 생각을 하면 나쁜 감정이 들었다. 과거에 있던 여러 가지 일 중에 좋았던 일이 있고 나빴던 일이 있을 것이다. 그중에 좋았던 일을 생각해봐라. 그러면 당신은 기분이 좋을 것이다. 이번엔 나빴던 일을 생각해봐라. 그러면 당신은 기분이 나빠질 것이다. 이처럼 미래에 대한 생각도 좋은 미래를 생각하면 좋아지고 나쁜 미래를 생각하면 불안해질 것이다.

지금 이 순간을 느끼는 방법

나는 대학생 때 상담을 받은 적이 있다. 그저 학교에서 무료로 해주는 상담이었기 때문에 참여하게 되었고 그때 나는 심리학에 푹 빠져 있었다. 그리고 나에 대해 많이 알고 싶었다. 나는 매주 수요일에 상담 선생님을 만나서 이야기를 나눴다. 늘 이야기는 내가 먼저 시작했다. 선생님은 내 이야기를 들어주며 적절한 대답을 해줬다.

선생님은 내게 불안하거나 긴장이 될 때 현재로 돌아오는 방법을 알려줬다. 그것은 바로 호흡이었다. 숨을 크게 들이마시고 숨을 크게 내쉬라고 했다. 호흡에 집중하다 보면 나는 현재에 집중하게 된다고 했다. 나는 이 방법을 실천해봤다. 나는 숨을 크게 들이마시고 내쉬는 게 좋았다. 뭔가 숨을 크게 내쉴 때는 내 안에 있던 불안함과 긴장들이 모두 빠져나간다고 생각했다. 그래서 혼자 있을 때는 크게 숨을 들이마시고 내쉬는 방법을 연습했다. 몇 번 반복하자 뭔가 전보다 차분해지는 느낌과 편안해지

사는 게 행복하지 않은 너에게

는 느낌이 들었다.

상담 선생님은 숨을 크게 내쉴 수 없는 상황에서 사용할 수 있는 방법도 알려줬다. 바로 엄지손톱과 검지 손톱을 서로 긁는 것이었다. 그리고 그 감각에 집중해보라고 했다. 나는 불안하거나 긴장될 때 선생님이 알려준 대로 해봤다. 손톱이 짧아서 잘 안 됐다. 그래서 나는 손톱이 아닌 손가락을 서로 마주치게 하여 문질렀다. 그러자 부들부들한 느낌이 들었다. 나는 이 감각에 집중을 하자 다른 생각이 사라지는 것을 느꼈다. 과거도 미래도 아닌 현재에 집중하는 순간이었다.

생각해보면 불안감과 긴장감은 내가 과거의 어떤 사건을 떠올리거나 미래에 일어날 일에 대해 걱정할 때 많이 고조됐다. 그럴 때마다 호흡을 하면 그 생각에 빠지지 않게 됐다. 나는 늘 숨을 쉬고 있었다. 그런데 내가 인식하지 않으면 느끼지 못했다. 그리고 손가락을 서로 문지르는 방법도 좋았다. 감각에 집중하다 보니 나는 지금 이 순간을 온전히 살고 있는 느낌이 무엇인지 알게 됐다.

어느 날 잠을 자려고 방 불을 끄고 누웠는데 갑자기 심장이 두근거리는 것이 느껴졌다. 나는 심장이 있는 쪽에 손을 댔다. 심장은 아주 열심히 반복적으로 뛰고 있었다. 일상생활을 할 때는 전혀 인식하지 못하는 심장이었다. 심장은 늘 있는 것이고 속에 있어서 보이지도 않았기 때문에 별로 관심을 가지지 않았다.

나는 그날 밤, 처음으로 내 심장에게 고마움을 느꼈다. 내가 인식하든 못 하든 쉼 없이 매일매일 뛰어주는 심장이 참 고마웠다. 이 심장이 뛰지 않으면 나는 일상생활을 할 수 없었을 테니 말이다. 그리고 이후로는 가끔씩 나는 심장에 손을 얹어 심장이 열심히 뛰고 있는 것을 느끼게 됐다. 그리고 심장이 뛰는 것을 느낄 때마다 과거나 미래가 아닌 지금 이 순간을 살자고 다짐하게 됐다.

'지금 이 순간!'

우리는 이것을 자꾸 잊어버린다. 그리고 과거에 있었던 일을 떠올리거나 미래에 일어날 일을 예상해본다. 하지만 그렇게 해도 과거는 바뀌지 않고 미래는 어떻게 될지 아무도 모른다. 우리에게는 오직 지금 이 순간만 있다. 이런 순간이 모여 하루가 되고 하루가 모여 한 달이 된다. 한 달이 모이면 1년이 된다. 1년이 모이면 나의 생애가 된다. 즉, 지금 이 순간이 모여 나의 삶이 만들어지는 것이다.

당신은 지금 이 순간을 어떻게 보낼 것인가? 과거에 받았던 상처를 떠

사는 게 행복하지 않은 너에게

올리며 힘들다고만 하며 살 것인가? 아니면 미래를 걱정하고 불안해하며 살 것인가? 나는 과거나 미래가 아닌 지금 이 순간을 소중히 여기며 온전하게 살기로 했다. 당신은 어떻게 살 것인가?

이제 당신답게
살아라

다른 누구로도 말고, 오직 스스로를 등불로 삼아라.

– 석가모니(인도 성자)

나로서 나답게 살아간다는 것

나는 사진 찍히는 것을 무엇보다 싫어했다. 그런데 이상하게도 주위 사람들은 나 몰래 내 사진을 찍어서 보여줬다. 책상에 엎드려 자고 있는 모습, 건물 앞에 서서 어딘가를 쳐다보고 있는 모습 등 사람들은 내 사진을 찍은 뒤 내게 보여줬다. 사람들은 사진이 잘 나왔다고 하며 내게 보여줬지만 나는 내 사진이 마음에 들지 않았다. 사람들이 왜 허락도 없이 내 사진을 찍는지 이해가 되지 않았다. 나는 사진에 찍힌 내 모습을 싫어했던

사는 게 행복하지 않은 너에게

것일까? 아니면 사진 찍히는 것이 익숙하지 않았던 것일까?

유럽 여행을 다녀온 뒤, 나는 여행을 하며 찍은 사진을 많이 봤다. 살면서 사진을 그렇게 많이 찍은 적도 없었다. 그리고 그렇게도 많은 내 사진을 본 적도 없었다. 사진 속에 있는 나는 정말 행복해 보였다. 그리고 자꾸 보니까 내가 점점 괜찮아 보이기 시작했다.

생각해 보니 살면서 나는 내 모습을 제대로 본 적이 없다. 늘 남에게 보여 주기 위해 살았을 뿐 내 모습이 어떤지는 하루 중 잠깐 거울을 통해 보는 모습이 전부였다. 그래서 어쩌면 내 모습을 보는 것을 어색해하고 있었는지도 모르겠다. 나는 태어나서 처음으로 사진에 찍힌 내 모습을 천천히 하나하나 살펴봤다. 그리고 다른 사람을 보듯이 나를 봤다. 그러자 '나도 참 괜찮은 사람이구나!'라고 느꼈다.

나는 늘 다른 사람을 볼 때 좋은 점만 보려 했고 그들이 어떤 모습이든 괜찮다고 생각했다. 이에 반해 나는 스스로를 늘 부족하다고, 괜찮지 않다고 생각했다. 그래서 다른 사람이 찍어준 내 모습이 마음에 들지 않았던 것이었다. 하지만 나는 여러 사진 속 내 모습을 보며 '나도 다른 사람처럼 충분하고 괜찮은 사람이구나!'라고 느꼈다. 그리고 앞으로 나로서 나답게 살아가야겠다고 다짐하는 계기가 됐다.

대학생 때 나는 인형극 동아리를 했다. 동아리는 마리오네트, 그림자극, 탈 인형극으로 파트가 나눠져 있다. 그중 나는 그림자극을 하게 됐다. 인형극 동아리에서 선후배와 동기들이 모여 대본부터 작성해서 직접 인형을 만들고 공연을 올렸다.

인형극 공연이 모두 끝나면 선배들과 후배들이 한자리에 모여 하는 것이 있다. 바로 새드 타임(sad time)이다. 새드 타임은 그동안 공연 준비하면서 힘들었던 것, 서운했던 것, 속상했던 것, 좋았던 것 등을 한 사람씩 나와서 말하는 것이다. 이 시간은 사람들이 앞에 나와 그동안 공연 준비를 하며 느낀 점들을 말하면서 같이 공감하고 운다. 정말 수고했다고 격려하고 오해가 있었다면 말하는 등 그동안 쌓인 것을 풀고 또 푸는 시간이었다.

나는 정말 처음에는 '선배들 앞에서 어떻게 솔직하게 말하나?' 했다. 하지만 선배들이 앞에 나와서 어떻게 하는지 시범을 보여 줬다. 선배들은 그동안 느낀 감정을 솔직하게 말했다. 그래서 후배인 우리도 그동안 쌓였던 것을 하나씩 꺼내놓기 시작했다. 하나둘씩 하다 보니 정말 이런저런 말들이 많이 나왔다. '솔직히 이 동아리에 들어와서 힘들었다, 그동안 ㅇㅇ와 많이 다투어서 사이가 안 좋았다.' 등 전혀 모르고 있던 많은 이야기들이 쏟아졌다.

사실 동아리 활동을 하면서 많은 고민과 갈등이 있었다. 더 좋은 공연

사는 게 행복하지 않은 너에게

을 만들기 위해 사람들이 여러 번 모여야 하고 의견을 나눠야 했기 때문이다. 그 과정에서 견디지 못하고 탈퇴하는 사람도 몇 명 있었다. 그리고 공부 시간을 빼앗기는 것 같다고 하며 공연 준비 중에 나가는 사람들도 있었다. 공연이 얼마 남지 않은 시점에서 어떤 사람이 탈퇴하면 대체할 사람을 급하게 구해야 했다. 그래서 선배들이 탈퇴한 후배 대신 공연을 올리기도 했다.

나는 새드 타임을 할 때마다 이 시간을 정말 잘 만들었다고 생각했다. 그동안 내가 몰랐던 다른 파트의 사람들에 대해서도 알게 됐다. 그리고 사람들 사이에서 사소한 오해가 있다면 풀기도 했다. 서로 같이 공감해 주고 울고 박수를 보내주는 이 시간이 있었기 때문에 대학 동아리가 더욱 뜻깊게 느껴졌다.

동아리를 하면서 좋지 않은 일도 있지만 선후배들과 같이 지내며 즐거운 일도 많았다. 나는 동아리를 중도 탈퇴하지 않고 끝까지 한 것에 대해 자부심을 느낀다. 나는 동아리를 하며 많은 것을 배웠고 많은 사람들을 만나게 되어 기뻤다. 그래서 다른 사람들이 탈퇴하려고 해도 나는 묵묵히 내 자리를 지켰다. 외부 상황에 휩쓸리는 것이 아니라 내가 진정으로 하고 싶은 대로 하는 것. 그게 나답게 사는 것이라고 생각했기 때문이다.

그럼에도 불구하고 내가 하고 싶은 대로 살기

어느 날, 나는 인터넷에서 한 편의 시를 봤다. 인도 콜카타(캘커타)의 마더 테레사 본부 벽에 붙어 있는 시라고 적혀 있었다.

그럼에도 불구하고

사람들은 때로 믿을 수 없고, 앞뒤가 맞지 않고, 자기중심적이다.

그럼에도 불구하고 그들을 용서하라.

당신이 친절을 베풀면 사람들은 당신에게 숨은 의도가 있다고 비난할 것이다.

그럼에도 불구하고 친절을 베풀라.

당신이 어떤 일에 성공하면 몇 명의 가짜 친구와 몇 명의 진짜 적을 갖게 될 것이다.

그럼에도 불구하고 성공하라.

당신이 정직하고 솔직하면 상처받기 쉬울 것이다.

그럼에도 불구하고 솔직하라.

(중략)

당신이 마음의 평화와 행복을 발견하면 사람들은 질투를 느낄 것이다.

그럼에도 불구하고 평화롭고 행복하라.

당신이 가진 최고의 것을 세상과 나누라.

언제나 부족해 보일지라도

그럼에도 불구하고 최고의 것을 세상에 주라.

사는 게 행복하지 않은 너에게

사람들은 내게 이렇게 하는 것이 좋다, 혹은 저렇게 하는 것이 좋다 등 여러 가지 이야기를 해줄 것이다. 그럴 때 나는 이 시를 떠올리기로 했다. 사람들이 나에 대해 뭐라고 하든 나는 '그럼에도 불구하고' 내가 하고 싶은 대로 살기로 결정했다. 때로는 상처받는 일이 생기고 또 알게 모르게 다른 사람에게 상처를 주는 일도 있을 것이다. 그럼에도 불구하고 나는 나답게 살아야겠다.

나는 다른 사람들을 우러러보며 쫓아다니는 삶이 아니라 나에게 집중하기로 했다. 내가 진정으로 원하는 것이 무엇인지, 앞으로 내가 어떻게 살아야 할지는 남이 아니라 내가 정하는 거니까. 살다 보면 많은 선택의 순간이 있을 것이다. 그 순간에 다른 사람에게 조언을 구할 수는 있다. 하지만 최종 선택을 하는 것은 남이 아니라 나다. 그러므로 나는 나답게 살기로 했다. 이제 당신도 당신답게 살기를 바란다. 그 누구도 아닌 당신의 삶이니까! 당신이 무엇을 하든, 어디에 있든, 누구와 있든 나는 당신이 감정 때문에 힘든 인생이 아닌 감정 덕분에 행복한 삶을 살기를 응원한다.

우리는 각자 너무나 소중한 존재이다

책을 쓰며 여러 감정을 느꼈다. 때로는 눈물이 나기도 하고 때로는 스스로 위로해주는 느낌도 받았다. 어쩌면 이 책은 다른 누구도 아닌 나를 위한 책인지 모른다. 많은 경험을 통해 나는 참 많은 것을 느꼈다. 그리고 여러 사람과 관계를 맺으며 다양한 것을 배웠다. 그들은 모두 나이나 경력과 상관없이 나의 스승이었고 나는 그들에게 늘 감사하다.

그리고 무엇보다 나는 나에게 고맙다. 내가 없었다면 이 책을 쓰지 못했을 것이다. 내가 없었다면 많은 사람들을 만나지도 못했을 것이다. 내가 있어서 나는 많은 경험을 했고 좋은 사람들도 만날 수 있었다.

그러니까 우리 자신, 나 스스로를 소중하게 생각하자. 내가 존재하기 때문에 다른 무엇인가가 존재하는 것이다. 내가 없다면 다른 무엇이 무슨 소용이란 말인가. 그러므로 다른 무엇보다 자신을 귀하게 여기길 바란다.

　우리는 각자 너무나 소중한 존재이다. 자신을 알아주지 않으면 누가 자신을 알아주겠는가. 이제 밖으로만 향하던 시선을 돌려 나를 봐주자. 내가 원하던 모든 것은 그곳에 있었다. 주인이 알아봐주기만 기다리며….